Véronique Witzigmann

Mein Backbuch

Véronique Witzigmann

Mein Backbuch

Lieblingsrezepte für Kuchen, Torten & Gebäck

südwest

Inhalt

Mit Lust und Liebe

Wenn ich darüber nachdenke, wer meine Liebe zum Backen geweckt hat, dann sind das trotz der genialen Kochkünste meines Vaters die Frauen in meiner Familie gewesen. Zu Beginn war das meine Mama. Denn kaum reichte meine Nasenspitze über die Küchenanrichte, haben wir zusammen mit größter Hingabe – und ich mit viel Mehl – Teige geknetet, ausgestochen und Unmengen an Vanillekipferl gerollt. Ich habe sie immer sehr bewundert für ihre schönen Kuchen und Kekse. Etwas später wurden die Erfahrungen erweitert durch meine Großmutter und meine Tante Steffi. Mit ihr durfte man auch mal so richtig ordentlich den Strudelteig auf die Tischkante schlagen. Das ist ganz wichtig, sagte sie, denn nur dann wird er richtig gut! Und ich habe gelernt und gesehen, wie viel Fingerspitzengefühl und Liebe nötig ist, bis endlich das fertige Werk die Kaffeetafel ziert. Ebenso habe ich durch diese Erlebnisse erfahren, wie schön es ist, Traditionen zu leben und zu bewahren. Wie bestgehütete Rezepturen von einer Generation zur nächsten wandern und sich auch dort größter Beliebtheit erfreuen.

Zum Feiern, auch im Alltag

Kein Geburtstag ohne Kuchen, kein Fest ohne Torten, keine Adventszeit ohne Weihnachtsbäckerei und kein Kaffeeklatsch ohne Süßgebackenes. Alle Kulturen setzen mit der süßen Bäckerei Höhepunkte bei verschiedenen Anlässen, denken wir allein an das Anschneiden der Hochzeitstorte. Feierlichkeit, Fürsorge, Gemütlichkeit, Liebe, Zuneigung und Wertschätzung – all dies wird durch das eigene Kuchenbacken auf sinnlichste und lieblichste Weise ausgedrückt. Die Leidenschaft beginnt mit dem ersten Geburtstagskuchen der Kindheit, auf dem jedes Jahr eine zusätzliche Kerze ausgepustet wird. Aber nur der frische Backduft aus der eigenen Küche macht dieses Ereignis zu einem unvergesslichen Erlebnis, an das sich jeder Erwachsene gerührt erinnert.

Geburtstagskuchen spielten in meiner Kindheit eine wichtige Rolle. Einer meiner Lieblingskuchen aus Kindertagen ist die Linzer Torte nach dem Rezept meines Vaters. Selbstgebackenes hat etwas Magisches, was durch keinen noch so guten Konditor geliefert werden kann.

Die Seele wird gestreichelt

Für mich gehört das Zubereiten von Kuchen, Keksen, Strudeln etc. mit zu den schönsten Beschäftigungen der Welt. Und natürlich freue ich mich über viele Süßschnäbel, die ich damit begeistern und verführen kann – gibt es doch viele Gelegenheiten, zu denen sich nur zu gut etwas Selbstgebackenes verschenken oder mitbringen lässt. Denn Backen ist nicht nur »in« zu den klassischen Anlässen wie Mutter-, Valentins- oder Hochzeitstag und zum Kindergartensommerfest. Nein, auch zur Wohnungseinweihung oder als Picknickproviant sind z. B. Blechkuchen oder Strudel aufgrund ihrer einfachen Handhabung gern gegessene Mitbringsel. Manchmal lässt sich auch durch einen zarten Biss mehr sagen als mit 1000 Worten.

Das Gebäck ist zwar immer die Hauptattraktion, jedoch bietet es sich auch an, die Köstlichkeit entsprechend in Szene zu setzen. Möglichkeiten dazu bieten sich vielerlei, z. B. in Form einer besonderen Kuchenplatte: Hierzu eignet sich auch eine antike Fliese oder eine Spiegelplatte. Auch ausrangierte Kuchenschachteln oder Holzkistchen lassen sich dem Anlass entsprechend trimmen.

Gebäck statt Dessert

Und so manches Mal ersetzt ein süßes Teilchen bei meinen Abendessen das Dessert. Ihre Gäste lassen sich sicher gern verführen zu einem süßen Abschluss mit einer frischen knusprigen Tarte, einem Strudel mit sahnigem Eis, lauwarmem Früchtebrot mit Zimtsabayon oder einem Cupcake, der mit seinem cremigen Häubchen direkt aus der Kaffeetasse gelöffelt wird.

Kommen Sie mit in die Backstube!

Es ist mir ein Anliegen, Ihnen in diesem Buch eine bunte Vielfalt an leicht nachvollziehbaren Rezepten anzubieten. Fündig werden sollten sowohl diejenigen unter Ihnen, die wenig Zeit haben und trotzdem Wert auf Feingebackenes aus dem eigenen Backofen legen, als auch die, die schon eine enge Freundschaft mit ihrem Backofen pflegen und sich mit Freude an neuen Kreationen, wie z. B. dem Engelsflügel Jasmin, ausprobieren möchten.

Ich wünsche mir, dass der süße Funke zu Ihnen überspringt und Sie inspiriert durch die Rezepte viele duftende fröhliche Stunden beim (Nach-)Backen und Genießen verbringen.

♡-lichst
Veronique Witzmann

Mein persönliches Back-Einmaleins

Köstliches aus dem Backofen entsteht durch Leidenschaft, richtiges Handwerk, durchdachte Vorbereitung und eine gute Ausrüstung. Meine Backweisheiten haben sich bewährt.

Hilfsmittel und Formen

Eine **Küchenwaage** ist unentbehrlich. Wenn ich auch gern kreativ koche, so ist das genaue Abwiegen beim Backen umso wichtiger. Die Verhältnisse müssen stimmen, damit am Ende ein saftiger, lockerer Kuchen aus dem Backofen kommt. Am besten man verwendet eine elektronische Waage mit genauer Gramm- und Kilogrammanzeige. In Ihrer Standardküchenausrüstung gibt es bestimmt schon eine stabile **Rührschüssel**, um das Arbeiten zu erleichtern. Ich habe eine Auswahl an verschiedenen Größen und Höhen, was sehr praktisch ist. Große und kleine **Siebe** sind unentbehrlich, um z. B. Mehl fein streufähig zu machen. Zum Verzieren schneide ich am liebsten schöne Formen aus Karton aus, lege diese auf die Gebäckstücke und siebe Kakaopulver oder Puderzucker darüber.

Kochlöffel bevorzuge ich aus Holz, und verwende je nach Teigmenge unterschiedlich große. **Teigschaber** aus weichem Gummi, klein und groß, empfehle ich, damit kein Restchen vom kostbaren Teig in der Schüssel bleibt. **Edelstahlpaletten** sind immer eine große Hilfe. Ich besitze welche in zwei unterschiedlichen Längen und streiche damit Teigmassen oder Glasuren glatt und dekoriere sehr präzise. **Backpinsel** werden gerne unterschätzt. Ich benutze Pinsel mit Naturborsten zum Ausstreichen der Kuchenformen oder Bleche und um den Guss auf Plätzchen und Gebäcken gleichmäßiger zu verteilen.

Bei **Schneebesen** rate ich Ihnen, sich größere und kleinere zuzulegen. Und probieren Sie mal aus, was es für einen Unterschied macht, ob Sie einen mit dickeren oder einen mit dünneren Streben benutzen! Mit ihnen zu arbeiten ist sehr effektiv – egal ob es darum geht, Eischnee locker unter den Teig zu ziehen oder Saucen glatt zu rühren. Ein **Handrührgerät** mit Quirlen und Knethaken ist zwar nur eine moderne Interpretation von Schneebesen und Händen, erleichtert aber das Backleben doch sehr. Ich benutze es, um Kuchenteige zu kneten und Cremen zu rühren. Ein **Nudelholz** ist unentbehrlich, um Teige gleichmäßig dünn auszurollen. Ich persönlich liebe den Klassiker aus Holz, finde aber auch die Rollen praktisch, bei denen die Griffe nur bei Bedarf aufgeklappt werden können. So kann der Teig direkt gleichmäßig auf dem Blech ausgerollt werden.

Backpapier ist eine geniale Erfindung! Ich verwende es nicht nur, um ein Backblech auszulegen, sondern auch für die Springform. Es verhindert das Verkleben mit dem Teig und erspart das Einbuttern der Form. Es lohnt sich jedoch, erst einmal das Falten zu üben, so ist der Kuchen hinterher schön glatt. Backpapier ist zudem äußerst praktisch, um fertige Gebäckstücke zum Glasieren und Trocknen da-

So viel Spaß wie das Zubereiten des Gebäcks macht, sollte auch der Einkauf machen. Es ist ein sinnlicher Genuss, bei einem guten Händler die besten Zutaten zu erwerben. Da kann man getrost Fragen stellen.

raufzustellen. **Frischhaltefolie** verwende ich, um Teige vor dem Kühlen einzuschlagen oder um frisch gekochten Pudding daran zu hindern, eine Haut auszubilden. Die Auswahl an **Backformen** ist enorm. Als Starterset empfehle ich zwei Backbleche, ein Kuchengitter, eine Gugelhupfform und eine antihaftbeschichtete Springform mit 26 oder 28 Zentimeter Durchmesser. Springformen mit Glasboden haben den Vorteil, dass der Kuchen gleich servierfertig ist. Zudem gehören einige **Ausstecher,** z. B. in Form von Herzen oder Sternen, gerne in unterschiedlichen Größen, in jede Backstube. Mein **Küchenwecker** erinnert mich immer zuverlässig daran, wann das Backwerk aus dem Backofen muss.

Beste Zutaten

Das Gebäck kann nur so gut schmecken wie die Produkte, die hierzu verwendet werden. Nicht nur des Geschmackes wegen verwende ich **Eier** aus artgerechter und ökologischer Haltung und lagere sie zum Schutz vor Gerüchen in ihrem Karton im Kühlschrank. Manchmal gebe ich in den Rezepten die Größe des Eis an, da es mir um das Gewicht geht: Ein Ei der Größe M wiegt ca. 50 Gramm, wobei dabei das Eiklar mit 30 Gramm zu Buche schlägt. Damit Eier und Butter die gleiche (Zimmer-) Temperatur bei der Teigherstellung haben, nehme ich beide ca. 2,5 Stunden vorab aus dem Kühlschrank. Vom **Zucker** habe ich verschiedene Sorten in der Vorratskammer. Vom weißen Zucker verwende ich meistens den feinen Backzucker, da er sich schnell auflöst und sich gut mit den anderen Zutaten zu einem Teig verbindet. Braunen Zucker oder Rohrzucker nutze ich, wenn ich dem Gebäck eine leichte Karamellnote verleihen möchte.

Puderzucker, für den die Raffinade so fein gemahlen wird, dass sie nur noch unter der Lupe erkennbar ist, verwende ich besonders gerne bei der Herstellung von Biskuit, für diverse Zuckerglasuren sowie zur Verzierung von Kuchen und Keksen. **Butter** ist für mich unverzichtbar für wirklich gutes Gebäck. Meistens verwende

Beim Backen lege ich mir alle Zutaten griffbereit zurecht, damit ich reibungslos arbeiten kann. Wenn's Plätzchen gibt, tauche ich die Ausstecher in Mehl, damit der Teig nicht in den Förmchen kleben bleibt.

ich sie bei Zimmertemperatur, für Mürbeteige sollte sie jedoch kalt sein. Zerlassene Butter stelle ich ganz einfach her, indem ich Butter in einen kleinen Topf gebe und auf dem Herd bei schwacher Hitze langsam schmelzen lasse. Beim **Mehl** bin ich eher traditionell und verwende in der Regel Weizenmehle der Type 405 und 550, denn sie haben ideale Backeigenschaften. Für Hefe- und Strudelgebäcke empfehle ich Weizendunst oder Wiener Griessler, jene doppelgriffigen Mehlsorten, die sich durch ihre spezielle feine Struktur besonders für elastische und lockere Teige eignen.

Gewürze sind das A und O des Backens, denn erst sie verleihen dem Gebäck den wunderbar aromatischen Geschmack: Zimt, Nelken, Bourbon-Vanille sind nur der Anfang meiner feinen Backgewürzsammlung. Über den **Abrieb von Orangen und Zitronen** kann ich mich immer wieder begeistern. Ich liebe einfach den Duft von der frisch abgeriebenen Schale von Zitrusfrüchten! Dafür verwende ich reife und unbehandelte Früchte, die ich zuerst gut unter heißem Wasser wasche und dann abtrockne. Für den Abrieb verwende ich eine feine Küchenreibe und achte darauf, dass nur die eigentliche Schale in den Teig wandert, denn die weiße Haut darunter schmeckt bitter.

Der Unterschied zwischen **Blockschokolade** und **Kuvertüre** besteht im Fettanteil. Bei extrabitterer Kuvertüre steht z. B. »70/30/38« auf der Verpackung, wobei die erste Zahl für den Prozentsatz der Kakaomasse steht, die zweite Zahl für den Zucker und die dritte für den Gesamtfettgehalt. So weiß man mit einem Blick, wie die Kuvertüre zusammengesetzt ist. Kuvertüre verwende ich immer zum Glasieren von Kuchen, denn durch den höheren Fettanteil (Kakaobutter) wird sie beim Erwärmen wesentlich flüssiger als Tafelschokolade. Damit sich die Kuvertüre samtig und glänzend auf dem Gebäck präsentiert, muss man sie ganz vorsichtig verflüssigen. Dafür erhitze ich Wasser in einem Topf und stelle darauf eine kleinere Schüssel mit den zuvor gehackten Kuvertürestücken. Die kleinere Schüssel darf nicht mit dem heißen Wasser in Berührung kommen, lediglich mit dem Dampf. Auch die Kuvertüre sollte nicht mit dem Wasser in Verbindung kommen. Und ich achte darauf, dass die Kuvertüre bei einer Temperatur von unter 40 °C geschmolzen wird. Damit sich die Masse gleichmäßig erwärmt, rühre ich zwischendurch immer wieder um. Zu heißes Schmelzen von Kuvertüre lässt die Masse dickflüssig und klumpig werden. Beim Erstarren gibt es dann graue Schlieren. Sie können die Schokolade aber auch bei 50 °C im Backofen schmelzen lassen, das dauert seine Zeit. Ich arbeite auch gern mit **Callets** (kleinen Kuvertüretröpfchen), denn sie lassen sich einfacher abwiegen, und zudem geht das Schmelzen etwas schneller.

Als geschmackloses Geliermittel ist mir **Gelatine** eine willkommene Hilfe, wenn es darum geht, Cremes und Flüssigkeiten zu festigen. Die Gelatineblätter weiche ich in kaltem Wasser für ca. 4 Minuten ein, drücke sie dann aus und löse sie unter Rühren in etwas warmer Flüssigkeit (z. B. Fruchtsaft, Likör etc.) auf. Zu der warmen gelösten Gelatine kommen zwei, drei Esslöffel Creme, erst danach kann sie weiter verarbeitet bzw. unter die restliche Masse gerührt werden.

Köstliche Teige

Bei der Herstellung von **Mürbeteig** stelle ich immer wieder fest, dass sich kalte Hände und eine rasche Arbeitsweise empfehlen. Bevor ich den Teig in den Kühlschrank stelle, forme ich anstatt der üblichen Teigkugel ein flaches Teigrechteck. Manchmal bleibt mir etwas vom Teig übrig, was aber kein Problem ist, denn gut verpackt in Klarsichtfolie kann ich ihn für ca. fünf Tage im Kühlschrank aufbewahren oder direkt einfrieren. **Blindbacken** hat den Vorteil, dass der Boden zunächst etwas backen kann, bevor die Füllung darauf kommt. Er wird dadurch knuspriger. Damit die überschüssige Luft entweichen kann, steche ich den Boden vorab mit einer Gabel mehrmals ein. Dann lege ich ein Stück Backpapier auf den Teig und beschwere es mit Hülsenfrüchten. **Quark-Öl-Teig** wird auch als falscher Hefeteig bezeichnet, denn er eignet sich für viele ähnliche Verwendungen. Allerdings lässt er sich einfacher und schneller herstellen. Ich nutze ihn als Boden für Blechkuchen und belege ihn gern fruchtig. Gebäcke aus Quark-Öl-Teig schmecken am besten frisch, aus diesem Grund werden sie bei uns noch am selben Tag gegessen. **Hefeteig** benötigt Zeit und Geduld. Die Hefe-pilze reagieren sensitiv auf Hitze. Werden sie zu heiß angerührt, sterben sie ab, und das Gebäck geht nicht auf; optimal ist eine Temperatur von ca. 36 °C bis 37 °C. Die Hefe darf nicht in direkte Verbindung mit Salz und Fett kommen. Durch Kneten wird dem Teig immer mehr Sauerstoff zugeführt, und er geht auf. Zum Gehen gebe ich den Teig entweder über Nacht in den Kühlschrank oder ich stelle ihn an einen warmen Ort. Dazu hat mir ein Bäckermeister seinen Trick verraten: Er stellt die abgedeckte Schüssel mit dem Teig in den Backofen, den er vorher leicht temperiert (unter 50 °C), und klemmt einen Kochlöffel in die offene Back-ofentür. **Biskuitteig** zählt zusammen mit Hefe-teig zu den »Sensibelchen« unter den Teigen. Er soll schön luftig geschlagen werden, denn Sauerstoff ist sein natürliches Triebmittel und bringt Volumen. Den Rand der Springform oder des Backbleches fette ich nicht ein. Damit der Teig gleichmäßiger bäckt, ziehe ich ihn rundum etwas am Rand nach oben. Der Back-ofen muss vorgeheizt werden und darf in den ersten 20 Minuten des Backens nicht geöffnet werden, da der Teig sonst in sich zusammen-fällt. Gut ausgekühlt kann ich ihn am besten schneiden. Damit sich das Backpapier leichter abziehen lässt, verwende ich als Unterlage ein feuchtes Küchentuch und mit einem zweiten bedecke ich den gebackenen Teig. Für Roula-den macht das Verhältnis weniger Eiweiß als Eigelb den Teig etwas elastischer. Ansonsten verwende ich Eigelb und Eiweiß im Verhältnis 1 zu 1. **Rührteig** empfinde ich als besonders flaumig und feinporig, wenn die Butter mit

Die Arbeit beim Backen sollte auch optisch belohnen. Um schöne Stücke mit einer ziehenden Bewegung aus einem Kuchen zu schneiden, tauche ich vorab ein glattes, großes Messer in heißes Wasser.

dem Eigelb zunächst schön schaumig aufgeschlagen wird. Der steif geschlagene Eischnee wird dann im Wechsel mit gesiebtem Mehl luftig unter die Masse gehoben. Wichtig ist, dass alle Zutaten die gleiche Temperatur haben. Für **Blätterteig**, **Filoteig** und **Strudelblätter** finden Sie keine Rezepte im Buch, denn es gibt sehr gute (tief-)gekühlte Fertigprodukte.

Gut zu wissen

Für eine **Stäbchenprobe** habe ich immer ein paar Holzstäbchen parat. Es ist eine kleine uralte Hilfe um zu sehen, ob der Kuchen fertig gebacken ist: Das Stäbchen in den höchsten Teil des Kuchens stecken und wieder herausziehen. Befindet sich kein Teigrest mehr daran, ist er fertig. Auch der »Klopftest«, den mir meine Großmutter verraten hat, gibt Auskunft: Ist der Ton dumpf und hohl, ist das Gebäck fertig. **Damit der Kuchen gut aus der Form kommt,** pinsele ich die Form gründlich mit weicher Butter aus und stäube sie dann mit Mehl aus. Zuweilen ersetze ich das Mehl durch Zucker, Mandelblättchen oder Kuchenbrösel. Ein Trick, damit der Kuchen leichter aus der (Spring-)Form kommt, besteht darin, ein Blatt Backpapier etwas überlappend in die Springform einzulegen und diese dann zu verschließen. Sollte der Kuchen trotz gut eingefetteter Form nicht herausgleiten, belegen Sie die Form mit einem nassen Geschirrtuch.

Erlesene Torten

Selbstgebackene Torten sind die Krönung einer jeden Festtagstafel, denn sie präsentieren feinsten Geschmack in ansprechender Optik – modern und leicht interpretiert. Mit österreichischem Backflair.

Torte nach Wachauer Art

1 Für die Creme die Kuvertüre auf einem Teller im Backofen bei 50 °C weich werden lassen. Abkühlen lassen. Butter mit Puderzucker schaumig rühren, dabei nach und nach die Eier unterrühren. Die Kuvertüre untermischen. Abgedeckt 1 Stunde kalt stellen.

2 Backofen vorheizen auf 180 °C (Umluft 160 °C, Gas Stufe 2–3). Backpapier auf den Boden der Springform legen und mit dem Ring einspannen. Den Rand der Form mit Butter einfetten.

3 Für den Teig die Kuvertüre fein reiben. Eier trennen. Zucker und Eigelb gut schaumig rühren. Die Kuvertüre unter die Eigelbmasse mischen. Eiweiß zu Eischnee steif schlagen. Im Wechsel, beginnend mit Eischnee, diesen und die Mandeln unterziehen. Den Teig in die Form füllen und im Backofen 40 Minuten backen.

4 Den Boden in der Form lauwarm abkühlen lassen. Mit einem Messer den Kuchen vom Rand lösen, die Form öffnen, den Ring entfernen, den Kuchen verkehrt auf ein Kuchengitter legen und das Backpapier abziehen. Um den Boden zu teilen, mit einem dünnen Bindfaden das Gebäck mittig umranden und zusammenziehen.

5 Die Marmelade erwärmen, durch ein Sieb auf den unteren Teil des Bodens geben, verstreichen und etwas trocknen lassen. Den zweiten Boden mit einem Teil der gekühlten Creme bestreichen und mit der Cremeseite auf die Marmeladenseite des ersten Bodens legen. Den Rest der Creme obenauf verteilen.

6 Den Rand des Kuchens ebenfalls mit Marmelade bestreichen und grob geschabte Bitterkuvertürenraspeln rundum verteilen.

Mein Tipp Die Original Wachauer Torte wird mit Haselnüssen und Marillenkonfitüre gemacht. Durch die Mandeln wird der Teig jedoch feiner, und durch die Orangenmarmelade bekommt sie ein besonderes Aroma.

Feine Topfentorte mit Aprikosenglasur

1 Backofen vorheizen auf 180 °C (Umluft 160 °C, Gas Stufe 2–3). Die Springform mit Butter ausstreichen und mehlieren.

2 Die Eier trennen. Die Butter mit dem Zucker mit den Quirlen eines Handrührgeräts schaumig rühren. Das Eigelb nach und nach unter Rühren in die Buttermasse geben. Den Topfen unterheben.

3 Das Eiweiß zu Eischnee steif schlagen. Abwechselnd mit einem Teigschaber den Eischnee, die Mandeln und die Haselnüsse unter die Butter-Topfen-Masse heben.

4 Die Masse in die Springform füllen und verstreichen. Die Form auf die mittlere Schiene des Backofens schieben und den Kuchen 45 bis 50 Minuten backen. Anschließend den Kuchen aus dem Backofen holen und abkühlen lassen. Die Form ablösen.

5 Den Aprikosenfruchtaufstrich erwärmen und durch ein Sieb streichen. Den heißen Aufstrich mit einer Palette auf dem Kuchen verteilen und als Aprikosenglasur vollständig trocknen lassen.

6 Die Bitterkuvertüre direkt über dem Kuchen auf einer Küchenreibe fein raspeln. Der Kuchen soll eine sehr dichte feine Schokoladenschicht erhalten.

Mein Tipp *Dies ist einer meiner absoluten Lieblingskuchen, nicht nur weil er schnell zubereitet ist, sondern auch weil jeder, der ihn probiert, von seinem feinen, leichten Geschmack begeistert ist! Der Kuchen enthält kein Mehl, deshalb bleibt er sehr flach und saftig! Statt Aprikosenfruchtaufstrich kann auch Orangenmarmelade für die Glasur verwendet werden.*

Zutaten für 1 Torte

Für den Teig
4 zimmerwarme Eier
100 g weiche Butter
80 g Zucker
100 g Topfen (Quark), Magerstufe
60 g gemahlene Mandeln
40 g gemahlene Haselnüsse

Für den Belag
200 g Aprikosenfruchtaufstrich
ca. 20 g Bitterkuvertüre (50 % Kakao)

Außerdem
1 Springform à 26 cm Durchmesser
Butter und Mehl für die Form

Zubereitungszeit 40 Min.
Backzeit 45–50 Min.

Engelflügel Jasmin

Zutaten für 1 Torte

Für den Teig
8 Eier
80 g Zucker
20 g Speisestärke
100 g Mehl

Für die Creme
2 Blatt farblose Gelatine
30 g Marzipanrohmasse
2 EL Mandellikör
(z. B. Amaretto)
5 Eigelb
85 g Zucker
ausgekratztes Mark von
2 Vanilleschoten
450 g Sahne

Zum Fertigstellen
80 g weiße Kuvertüre
350 g halbierte Aprikosen
ohne Stein
ca. 40 g Kokoschips

Außerdem
1 Schablone für den Flügel
(aus dem Internet herunterladen, siehe Seite 144)
Backpapier
1 Backblech à 30 x 40 cm
1 Backrahmen à 30 x 20 cm

**Zubereitungszeit
1 Std. 30 Min.
Ruhezeit 3 Std.
Backzeit 10 Min.**

1   Backofen vorheizen auf 220 °C (Umluft 200 °C, Gas Stufe 4–5). Ein Backblech mit Backpapier auslegen. Schablone vorbereiten.

2   Für den Teig die Eier trennen. Das Eigelb mit 40 Gramm Zucker hellschaumig aufschlagen. Den restlichen Zucker mit der Stärke mischen. Eiweiß zu Eischnee steif schlagen, dabei ein Drittel der Stärkemischung direkt zu Beginn mit aufschlagen, danach den Rest portionsweise zugeben. Eischnee unter die Eigelbmasse geben. Mehl unterheben. Teig auf dem Backblech verstreichen und 10 Minuten auf der mittleren Schiene backen. Zum Auskühlen auf ein mit Backpapier belegtes Kuchengitter legen.

3   Für die Creme die Gelatine kalt einweichen. Marzipan und Likör mit einer Gabel verkneten. Eigelb mit Zucker, Vanillemark und Marzipan hellschaumig aufschlagen. Sahne nicht zu steif schlagen. Gelatine ausdrücken und mit zwei Esslöffel Wasser erwärmen. 3 bis 4 Esslöffel Sahne unter die flüssige Gelatine mischen und diese Mischung unter die Ei-Marzipan-Masse rühren. Die restliche Sahne unterheben. 150 Gramm Creme zur Seite stellen.

4   Das Backpapier vom Teig abziehen und den Boden längs halbieren (es entstehen 2 Rechtecke à 30 x 20 Zentimeter). Die weiße Kuvertüre schmelzen und eine Teighälfte damit dünn bestreichen. Kalt stellen, damit die Kuvertüre fest wird.

5   Den abgekühlten Teigboden in den Backrahmen legen und mit Creme bestreichen. Aprikosenhälften mit der runden Seite nach oben in die Creme drücken und die überquellende Creme glatt verstreichen. Den zweiten Boden auflegen und die restliche Creme darauf nicht zu glatt verstreichen. Die Torte 3 Stunden ins Gefrierfach (nicht Kühlschrank!) stellen, damit sie sich schneiden lässt.

6   Die Schablone auflegen und den Flügel ausschneiden. Die Ränder mit der zur Seite gestellten Creme bestreichen und mit Kokoschips garnieren. Die Abschnitte separat genießen.

Stachelbeertorte mit Baiserhäubchen

Zutaten für 2 kleine Torten

Für die Böden
80 g Mehl
10 g Vanillepuddingpulver
35 g Zucker
10 g gemahlene Haselnüsse
ausgekratztes Mark von
½ Vanilleschote
50 g Butter
1 Eigelb

Für die Creme
20 g Speisestärke
200 ml Milch
50 g Zucker
2 Eigelb
ausgekratztes Mark von
½ Vanilleschote

Für das Kompott
4 Blatt farblose Gelatine
300 g rote Stachelbeeren
20 g Speisestärke
120 ml Apfelsaft
40 g Rohrzucker

1 Für die Nussböden das Mehl auf eine Arbeitsfläche sieben. Puddingpulver, Zucker, Haselnüsse und Vanillemark untermischen und in die Mitte eine Mulde drücken. Die Butter in Stücken ringsherum platzieren und das Eigelb in die Mulde geben. Alles mit einer Gabel vermischen und mit einem Teigschaber oder einer Backpalette zu Krümeln hacken. Erst dann mit den Händen schnell zu einem glatten Teig verkneten, denn er soll nicht warm werden. Den Teig zu einem flachen Rechteck formen, in Frischhaltefolie einwickeln und für 30 Minuten in den Kühlschrank stellen.

2 Backofen vorheizen auf 180 °C (Umluft 160 °C, Gas Stufe 2–3). Ein Backblech mit Backpapier auslegen. Den Teig dünn ausrollen, mit dem Boden einer Springform 2 Böden ausstechen und auf das Backblech legen. 20 bis 25 Minuten im Backofen backen.

3 Für die Creme die Speisestärke in eine Schüssel sieben und 50 Milliliter Milch, 10 Gramm Zucker, Eigelb und das Vanillemark zugeben. Alles gut miteinander verrühren. In einem Topf die restliche Milch mit 10 Gramm Zucker aufkochen. Die heiße Milch von der Kochstelle nehmen und das angerührte Stärkepulver einrühren. Die Milch kurz aufkochen; dabei gut rühren, da die Masse leicht am Topfboden ansetzt.

4 In einem zweiten Topf die restlichen 30 Gramm Zucker bei schwacher Hitze schmelzen und zu bernsteinfarbenem Karamell rühren. Die Creme bei schwacher Hitze esslöffelweise zügig mit dem Karamell verrühren. Die heiße Karamellcreme direkt mit Frischhaltefolie abdecken und abkühlen lassen.

5 Für das Kompott die Gelatine in kaltem Wasser einweichen. Die Stachelbeeren putzen und halbieren. Die Speisestärke sieben und mit 20 Millilitern Apfelsaft anrühren. In einem Topf den Rohrzucker zu bernsteinfarbenem Karamell schmelzen lassen. Den Topf von der Kochstelle nehmen, den Karamell mit weiteren 20 Millilitern Apfelsaft ablöschen und rühren, bis er sich gelöst hat. 70 Gramm

der halbierten Stachelbeeren unter den Karamell rühren und aufkochen lassen. Den Topf von der Kochstelle nehmen, die angerührte Speisestärke einrühren, den Topf erneut auf die Kochstelle stellen und das Kompott kurz aufkochen lassen. Die Gelatine gut ausdrücken und mit dem restlichen Apfelsaft unter das Stachelbeerkompott rühren. Das Kompott etwas abkühlen lassen und die restlichen Stachelbeeren einrühren.

6   Die Butterkekse in eine Plastiktüte geben, diese verschließen und die Kekse mit einem Teigroller zu Bröseln zerkleinern.

7   Die abgekühlten Nussböden wieder in die Springformen einlegen, um die Torten darin fertig zu stellen.

8   Die Karamellcreme auf den Böden verstreichen und mit den Butterkeksbröseln bestreuen. Darauf das Stachelbeerkompott verteilen. Die Torten für 30 Minuten in den Kühlschrank stellen.

9   Inzwischen für das Baiser Zucker und Speisestärke vermischen. Das Eiweiß zu festem Eischnee schlagen und zunächst nur 2 Esslöffel der Zuckermischung dazugeben, dann esslöffelweise die restliche Mischung. Die Eischneemasse in einen Spritzbeutel füllen und, vom Tortenrand aus anfangend, kleine Tupfen rundum in Kreisen nach innen spritzen. Die Tupfen mit Zucker bestreuen.

10 Den Backofen auf Grillstärke einschalten und die Torten hineinstellen. Die Backofentür durch Einklemmen eines Kochlöffels leicht geöffnet halten. Das Baiser ist fertig, wenn die Hütchen oben eine leicht hellbraune Farbe angenommen haben. Die Torten leicht abkühlen lassen und die Tortenringe öffnen.

Mein Tipp Sollte etwas Eischnee überbleiben, können Sie die Reste zu Spiralen oder Hütchen spritzen und im Backofen zu Baiserbusserln bei 80 °C trocknen.

Für die Keksschicht
4 Butterkekse

Für das Baiser
180 g Zucker
6 g Speisestärke
2 Eiweiß
60 g Puderzucker

Außerdem
Frischhaltefolie
Backpapier
2 Springformen à 15 cm Durchmesser
Zucker zum Bestreuen

Zubereitungszeit
1 Std. 30 Min.
Ruhezeit 1 Std.
Backzeit 20 bis 25 Min.

Schokoladentorte

Zutaten für 1 Torte

Für den Boden
150 g Mehl
100 g kalte Butter
40 g Zucker
1 Ei

Für die Creme
125 g Zartbitterkuvertüre
(70 % Kakao)
1 Blatt farblose Gelatine
1 Ei
1 Eigelb
1 TL Cognac
320 g Sahne

Für die Fruchtschicht
150 g Mangofruchtfleisch
5–6 Blatt farblose Gelatine
500 g Mango-Fruchtpüree
(Fertigprodukt, z. B.
von Boiron)

Für die Garnitur
1 Block Zartbitterkuver-
türe (55 % Kakao) für grobe
Schokoladenspäne
ca. 150 g Mangowürfel

Außerdem
Frischhaltefolie
Backpapier
1 Springform à 28 cm
Durchmesser

Zubereitungszeit
1 Std. 30 Min.
Ruhezeit 40 Min. plus
1 Std. 30 Min. zum Schluss
Backzeit 15 Min.

1 Für den Boden das Mehl auf eine Arbeitsfläche sieben und mit der Butter in Stücken, dem Zucker und dem Ei zu einem glatten Teig verkneten. Den Teig zu einem Rechteck formen, in Frischhaltefolie wickeln und für 40 Minuten in den Kühlschrank stellen.

2 Backofen vorheizen auf 180 °C (Umluft 160 °C, Gas Stufe 2–3). Ein Backblech mit Backpapier auslegen. Den Teig dünn ausrollen, mit dem Ring der Springform ausstechen, auf das Backblech legen und mit einer Gabel mehrmals einstechen. Im Backofen auf der mittleren Schiene ca. 15 Minuten goldgelb backen. Auskühlen lassen und in die Springform legen.

3 Für die Creme die Kuvertüre in einem kleinen Topf im warmen Wasserbad schmelzen. Die Gelatine in kaltem Wasser einweichen. Das Ei mit dem Eigelb in einer Schüssel im warmen Wasserbad hellschaumig aufschlagen. Die Gelatine ausdrücken und in der warmen Eimasse verrühren. Die weiche Kuvertüre und den Cognac unterrühren. Die Sahne schlagen und ein Drittel davon unter die Schokomasse rühren. Dann die restliche Sahne unterheben. Den Tortenboden mit der gesamten Schokoladencreme bestreichen. 30 Minuten in den Kühlschrank stellen.

4 Für die Fruchtschicht das Fruchtfleisch der Mango klein würfeln und von der Mitte aus auf der Torte verteilen. Die Gelatine in kaltem Wasser einweichen. Das Mangopüree erwärmen. Die Gelatine gut ausdrücken und in das warme Mangopüree einrühren. Achtung, das Fruchtmus soweit abkühlen lassen, dass es leicht zu gelieren beginnt. Dann nochmals gut durchrühren, vorsichtig über die Mangowürfel gießen und mit einer Palette glatt streichen. Die Torte für ca. 1 Stunde 30 Minuten in den Kühlschrank stellen. Nach Belieben mit Schokospänen und Mangowürfeln dekorieren.

Mein Tipp Außer Mango kann man natürlich auch einen Himbeer- oder Erdbeerspiegel auf die Schokoladentorte geben.

Traum in Rosé

Zutaten für 1 Torte

Für den Mürbeteigboden

1 Eiweiß
100 g Butter
130 g Zucker
10 g Haselnüsse
10 g gehackte Mandeln
10 g Mandelkrokant
170 g Mehl

Für den Biskuitboden

4 Eier
40 g Zucker
3 EL Speisestärke
50 g Mehl

Für die weiße Ganache

300 g weiße Kuvertüre
100 g Sahne
ausgekratztes Mark von
½ Vanillestange

1 Für den Mürbeteig das Eiweiß zu Eischnee steif schlagen. In einer Schüssel Butter, Zucker, Haselnüsse, Mandeln, Mandelkrokant, Mehl und Eiweiß zu einem glatten Teig verkneten. In Frischhaltefolie wickeln und 40 Minuten kühl stellen.

2 Backofen vorheizen auf 180 °C (Umluft 160 °C, Gas Stufe 2–3). Ein Backblech mit Backpapier auslegen.

3 Mürbeteig dünn ausrollen, mit dem Ring der großen Springform ausstechen, auf das Backblech legen und in 15 bis 20 Minuten goldgelb backen. Herausnehmen und abkühlen lassen.

4 Die Backofentemperatur erhöhen auf 220 °C (Umluft 200 °C, Gas Stufe 4–5) . Backpapier auf den Boden der kleineren Springform legen und mit dem Ring einspannen.

5 Für den Biskuitboden die Eier trennen und das Eigelb aufschlagen. Den Zucker mit der Speisestärke mischen. Das Eiweiß mit zwei Teelöffel Zucker-Stärke-Mischung zu festem Eischnee schlagen, dabei nach und nach den Rest unterrühren. Mit einem Kochlöffel den Eischnee unter die Eigelbmasse geben. Das Mehl sieben und unter die Eimasse heben.

6 Den Biskuitteig in der kleinen Springform verteilen und im Backofen auf mittlerer Stufe 10 Minuten backen. Die Form aus dem Backofen holen, auf ein Kuchengitter stellen und den Teig abkühlen lassen. Das Backpapier abziehen. Den Boden längs durchschneiden und eine Biskuithälfte auf Vorrat einfrieren, denn man braucht nur eine Hälfte des Biskuitbodens für diese Torte.

7 Für die Ganache die weiße Kuvertüre im warmen Wasserbad erweichen. Die Sahne mit dem Vanillemark erhitzen. Die erweichte Kuvertüre zugeben und unter die Sahne rühren. Die Creme von der Kochstelle nehmen, mit Frischhaltefolie abdecken und 20 Minuten im Kühlschrank ruhen lassen.

8 Die abgekühlte Creme auf dem Mürbeteigboden in der größeren Springform verstreichen. Darauf den Biskuitboden mittig einlegen. Das Gebäck ca. 45 Minuten in den Kühlschrank stellen.

9 Für die Himbeermousse die Gelatine in kaltem Wasser einweichen. Von dem Himbeerpüree eine kleine Menge für die Garnitur zur Seite stellen. Das restliche Himbeerpüree erhitzen und wieder von der Kochstelle nehmen. Die Gelatine ausdrücken, in das warme Püree einrühren und dadurch auflösen. Den Himbeergeist einrühren. Die Sahne mit 50 Gramm Puderzucker aufschlagen. 4 bis 5 Esslöffel der geschlagenen Sahne unter die Himbeermasse mischen. Dann das restliche Püree unter die Sahne heben. Das Eiweiß mit dem restlichen Puderzucker zu Eischnee steif schlagen und unter die Himbeer-Sahne-Masse ziehen.

10 Etwas von der Himbeermousse auf dem Tortenboden verteilen. Einen kleinen Kreis von frischen Himbeeren auf die Himbeermousse legen. Die restliche Masse zuerst über die Himbeeren laufen lassen und dann alles verstreichen.

11 Die Torte 1 Stunde 30 Minuten in den Kühlschrank stellen.

12 Vor dem Servieren mit dem beiseite gestellten Himbeerpüree auf der Torte einige Linien ziehen. Zwischen die Linien ein paar frische Himbeeren verteilen.

13 Mit einem scharfen Messer den Tortenring einmal umranden und danach die Springform öffnen.

Mein Tipp Statt mit Himbeeren lässt sich diese Torte auch mit anderen Früchten zubereiten, etwa mit Erdbeeren oder Sauerkirschen.

Für die Himbeermousse
4 Blatt farblose Gelatine
300 g Himbeerpüree (Fertigprodukt, z. B. von Boiron)
2 cl Himbeergeist
400 g Sahne
100 g Puderzucker
2 Eiweiß
200 g Himbeeren

Außerdem
Frischhaltefolie
Backpapier
1 Springform à 28 cm Durchmesser
1 Springform à 26 cm Durchmesser

Zubereitungszeit
2 Std. 30 Min.
Ruhezeit 1 Std. 45 Min.
plus 1 Std. 30 Min. zum Schluss
Backzeit 15 bis 20 Min.

Feigentörtchen

Zutaten für 2 Törtchen

Für die Creme
200 ml Milch
70 g Zucker
2 Eigelb
20 g Speisestärke, gesiebt
ausgekratztes Mark
von ½ Vanilleschote
2 ½ Blatt farblose Gelatine
100 g (ca. 12) Feigen zum
Pürieren
10 g Vanillepuddingpulver
6 cl Portwein
24 Feigen zum Belegen

Für den Teig
1 Eiweiß
100 g Butter
60 g Zucker
10 g gemahlene Haselnüsse
10 g gehackte Mandeln
10 g Mandelkrokant
170 g Mehl

Außerdem
Frischhaltefolie
Backpapier
2 Springformen à 15 cm
Durchmesser

Zubereitungszeit
1 Std. 30 Min.
Ruhezeit 40 Min.
plus 30 Min. zum Schluss
Backzeit 20–25 Min.

1   Für die Creme 50 Milliliter Milch, 10 Gramm Zucker, Eigelb und Stärke verrühren. Die restlichen 150 Milliliter Milch mit 40 Gramm Zucker und dem Vanillemark aufkochen. Den Topf von der Kochstelle ziehen und die Stärkelösung einrühren. Erneut auf die Kochstelle stellen und den Inhalt unter Rühren kurz aufkochen. Die noch warme Masse direkt mit Frischhaltefolie abdecken, damit keine »Haut« entsteht.

2   Die Gelatine kalt einweichen. 100 Gramm Feigen schälen und nur das Fruchtfleisch pürieren. Die Gelatine ausdrücken und mit dem Feigenpüree in die noch lauwarme Crememasse einrühren.

3   Für den Teig das Eiweiß zu Eischnee steif schlagen. Butter, Zucker, Haselnüsse, Mandeln, Mandelkrokant, Mehl und Eiweiß verkneten. In Frischhaltefolie wickeln und 40 Minuten kühl stellen.

4   Backofen vorheizen auf 180 °C (Umluft 160 °C, Gas Stufe 2–3). Ein Backblech mit Backpapier auslegen. Den Teig dünn ausrollen und mit dem Ring einer Springform zwei Böden ausstechen. Auf das Backblech legen und im Backofen in 20 bis 25 Minuten goldgelb backen. Abkühlen lassen.

5   Die ausgekühlten Böden in die Springformen spannen und mit der Feigencreme bestreichen.

6   Das Puddingpulver mit 20 Gramm Zucker verrühren. Den Portwein erhitzen und das angerührte Puddingpulver darin auflösen. Von der Kochstelle nehmen. Zwei Feigen schälen, von oben sternförmig einschneiden und in die Mitte der Torten legen. Die restlichen Feigen schälen, in Scheiben schneiden, fächerförmig auf die Creme legen und mit dem Portweinsud bepinseln.

7   Die Törtchen 30 Minuten in den Kühlschrank stellen. Vor dem Servieren mit einem spitzen Messer die Tortenringe umrunden und dann die Springverschlüsse öffnen.

Linzertorte à la Eckart Witzigmann

Zutaten für 1 Torte

Für den Teig
200 g Butter
150 g Puderzucker
50 g Bourbon-Vanillezucker
1 TL Zimtpulver
1 Prise gemahlene Nelken
1 Prise Salz
Saft und Abrieb von ½ unbehandelten Zitrone
20 ml Kirschwasser
3 Eier
1 Eigelb
1 TL Hirschhornsalz
1 TL Milch
150 g mit Schale geriebene Mandeln
160 g Mehl

Für den Belag
1 Päckchen Oblaten
(5 cm Durchmesser)
250 g eingemachte Preiselbeeren
3 bis 4 EL Aprikosenfruchtaufstrich
50 g gehobelte Mandeln

Außerdem
1 Springform à 28 cm Durchmesser
Butter und Mehl für die Form

Zubereitungszeit
1 Std. 30 Min.
Backzeit 35–45 Min.

1 Den Backofen auf 180 °C (Umluft 160 °C, Gas Stufe 2–3) vorheizen. Die Springform mit Butter einstreichen und leicht mit Mehl bestäuben.

2 Butter, Puderzucker, Vanillezucker, Zimt- und Nelkenpulver, Salz, Zitronenabrieb und Kirschwasser schaumig schlagen. Nach und nach die Eier und zum Schluss das Eigelb unterrühren.

3 Das Hirschhornsalz in der Milch auflösen. Mandeln und 100 Gramm Mehl vermischen. Die Mandel-Mehl-Mischung und das aufgelöste Hirschhornsalz kurz und kräftig mit einem Schneebesen unter die Schaummasse rühren.

4 Zwei Drittel des Teiges in die Springform füllen und glatt streichen. Den Teig mit Oblaten belegen und die Preiselbeeren darauf verteilen. Unter den übrigen Teig das restliche Mehl ziehen. Die Masse in einen Spritzbeutel mit 5er-Lochtülle füllen und damit ein Gitter auf die Torte spritzen.

5 Die Form auf die unterste Schiene in den Backofen stellen und die Hitze auf 170 °C (Umluft 150 °C, Gas Stufe 2) herunterschalten. Die Torte 35 bis 45 Minuten backen.

6 Den Aprikosenfruchtaufstrich erhitzen. Die Mandeln in einer Pfanne ohne Fettzugabe ganz kurz rösten.

7 Den Kuchen aus dem Backofen nehmen und sofort mit der heißen Aprikosenkonfitüre bestreichen. Die gerösteten Mandeln aufstreuen und den Kuchen im Ring erkalten lassen.

Mein Tipp Dieses Rezept habe ich von meinem Vater, Eckart Witzigmann, stibitzt. Es ist ein traditionelles Rezept, das geschmacklich einfach nicht zu schlagen ist.

Milchreistorte mit Mango-Passionsfrucht-Spiegel

1 Reis, Milch, Zimtstange, das Stück Orangenschale und den Vanillezucker unter Rühren aufkochen. Die Hitzezufuhr reduzieren und den Reis bei schwacher Hitze in 15 bis 20 Minuten sanft gar kochen, dabei öfters umrühren, damit er nicht ansetzt. Milchreis lauwarm abkühlen lassen. Zimtstange und Orangenschale entfernen. Mit Zucker und der abgeriebenen Orangenschale würzen.

2 Backofen vorheizen auf 180 °C (Umluft 160 °C, Gas Stufe 2–3). Backpapier auf den Boden der Springform legen und mit dem Ring einspannen. Den Rand der Form mit Butter einstreichen.

3 Für den Tortenboden die Eier trennen. Die Kuvertüre auf einem Teller im Backofen bei 50 °C weich werden lassen und kurz wieder abkühlen lassen. Die Butter mit dem Puderzucker schaumig rühren. Nach und nach das Eigelb unterrühren. Die weiche Kuvertüre zufügen und unterarbeiten. Das Eiweiß mit dem Backzucker zu Eischnee steif schlagen. Im Wechsel das gesiebte Mehl und den Eischnee locker unter die Schokoladenmasse ziehen.

4 Den Teig in der Form verteilen und im Backofen auf mittlerer Schiene 30 Minuten backen. Herausnehmen und den Boden mit dem Backpapier nach oben auf einer glatten Fläche auskühlen lassen. Backpapier abziehen. Sollen kleine Törtchen entstehen, mit passenden Ringen den gebackenen Teig ausstechen und die Ringe stecken lassen. Den Milchreis auf dem Tortenboden verstreichen.

5 Für den Fruchtspiegel die Gelatine in kaltem Wasser einweichen. Das Fruchtpüree leicht erwärmen und die Gelatine darin auflösen. Das Fruchtpüree auf dem Milchreis verstreichen. Die Törtchen bzw. die Torte für 1,5 Stunden in den Kühlschrank stellen.

Mein Tipp Frische dünne Mangoscheiben obenauf legen.

Zutaten für 1 Torte bzw. 4 Törtchen

Für den Milchreis
150 g Milchreis
½ l Milch
1 Zimtstange
1 Stück (5 cm) Bio-orangenschale
1 Päckchen Bourbon-Vanillezucker
3–5 EL Zucker
Abrieb von ¼ Bioorange

Für den Boden
5 Eier (Größe L)
40 g Zartbitterkuvertüre (50 % Kakao)
70 g weiche Butter
40 g Puderzucker, gesiebt
50 g feiner Backzucker
90 g Mehl

Für den Fruchtspiegel
1 Blatt farblose Gelatine
200 g Fruchtpüree Mango-Passionsfrucht (Fertigprodukt, z. B. von Boiron)

Außerdem
Backpapier
1 Springform à 28 cm Durchmesser bzw. 4 Tortenringe mit hohem Rand à 9,5 cm Durchmesser
Butter für die Form

Zubereitungszeit 2 Std.
Ruhezeit 1 Std. 30 Min.
Backzeit 30 Min.

Dünne Walderdbeerentorte auf Vanillecreme

1   Für die Vanillecreme zunächst die Stärkelösung herstellen. Dafür die Speisestärke in eine Schüssel sieben. 50 Milliliter Milch, 10 Gramm Zucker, Eigelb und das Vanillemark zufügen und alles gut miteinander verrühren.

2   Die restliche Milch mit dem restlichen Zucker in einem Topf aufkochen. Die heiße Milch von der Kochstelle nehmen und das angerührte Stärkepulver einrühren. Den Topf erneut auf die Kochstelle stellen und den Inhalt aufkochen. Dabei gut rühren, da die Masse leicht am Topfboden ansetzt. Damit sich keine »Haut« bildet, die noch heiße Masse direkt mit Frischhaltefolie abdecken und abkühlen lassen, dabei die Folie aber nicht über den Topfrand spannen, sondern direkt auf die Creme legen.

3   Für den Boden das Mehl auf eine Arbeitsfläche sieben. Zucker, die Butter in Stückchen und das Eigelb zugeben und alles gut verkneten. Den Teig zu einem flachen Rechteck formen, in Frischhaltefolie wickeln und für ca. 30 Minuten kühl stellen.

4   Backofen vorheizen auf 180 °C (Umluft 160 °C, Gas Stufe 2–3). Ein Backblech mit Backpapier auslegen.

5   Den Teig dünn ausrollen und mit dem Ring der Springform ausstechen. Den Teigtaler auf das Backblech legen und mehrmals mit einer Gabel einstechen. Im Backofen in 15 bis 20 Minuten goldbraun backen. Den Boden auskühlen lassen.

6   In der Zwischenzeit die weiße Kuvertüre im warmen Wasserbad schmelzen und abkühlen lassen. Den ausgekühlten Boden dünn mit Kuvertüre bestreichen und trocknen lassen.

7   Die Creme mit einer Palette auf dem Schokoladenboden verstreichen. Die Beeren putzen und im Kreis von außen nach innen auf die Creme stellen. Mit Puderzucker und Minze dekorieren.

Zutaten für 1 Torte

Für die Creme
20 g Speisestärke
200 ml Milch
50 g Zucker
2 Eigelb
ausgekratztes Mark von ½ Vanilleschote

Für den Boden
80 g Mehl
20 g Zucker
50 g kalte Butter
1 Eigelb
50 g weiße Kuvertüre

Für den Belag
250 g Walderdbeeren
Puderzucker
etwas Minze

Außerdem
Frischhaltefolie
Backpapier
1 Springform à 18 cm Durchmesser

Zubereitungszeit 50 Min.
Ruhezeit 30 Min.
Backzeit 15 bis 20 Min.

Schokoladenroulade mit Tiramisucreme

Zutaten für 1 Roulade

Für den Teig
8 Eier
80 g Zucker
20 g Speisestärke
100 g Mehl
20 g Kakaopulver

Für die Creme
5 Blatt farblose Gelatine
250 g Sahne
200 g Mascarpone
50 g Zucker
1 Päckchen Bourbon-Vanillezucker
50 ml starker Espresso
3 EL Mandellikör
(z. B. Amaretto)

Zum Bestreichen
180 g Kirschfruchtaufstrich

Außerdem
Backpapier
2 Geschirrtücher
Zucker
Kakaopulver zum Bestreuen

Zubereitungszeit
1 Std. 30 Min.
Ruhezeit 1 Std. zum Schluss
Backzeit 10 Min.

1 Backofen vorheizen auf 220 °C (Umluft 200 °C, Gas Stufe 4–5). Ein Backblech mit Backpapier auslegen.

2 Für den Teig die Eier trennen. Eigelb mit 50 Gramm Zucker hellschaumig aufschlagen. Den restlichen Zucker mit der Speisestärke mischen. Das Eiweiß zu Eischnee steif schlagen und dabei die Zucker-Stärke-Mischung löffelweise zugeben. Eischnee locker unter die Eigelbmasse heben. Das Mehl und das Kakaopulver auf die Masse sieben und unterziehen. Die Biskuitmasse auf das Backblech streichen und im Backofen 10 Minuten backen.

3 Ein Kuchengitter mit einem feuchten Geschirrtuch belegen und darauf ein Blatt Backpapier platzieren. Dieses mit etwas Zucker bestreuen. Den gebackenen Boden darauf legen (das Backpapier noch nicht abziehen) und von oben ebenfalls mit einem feuchten Tuch abdecken. Abkühlen lassen.

4 Für die Creme die Gelatine in kaltem Wasser einweichen. Die Sahne halbfest schlagen. Mascarpone, Zucker und Vanillezucker miteinander vermischen und den Espresso einrühren. Mandellikör erwärmen, die Gelatine ausdrücken und in dem Mandellikör auflösen. 3 bis 4 Esslöffel der geschlagenen Sahne in die Gelatinemasse rühren. Die Gelatinemischung unter den Mascarpone rühren. Die restliche Sahne dazugeben. Kurz in den Kühlschrank stellen.

5 Das obere Backpapier vom Biskuitboden abziehen und die Ränder nach Bedarf begradigen.

6 Den Kirschfruchtaufstrich erwärmen, durch ein Sieb streichen und auf dem Biskuitboden gleichmäßig verteilen. Zwei Drittel der Tiramisucreme daraufstreichen. Mithilfe des unteren Backpapiers das Gebäck einrollen. Die restliche Creme mit einer Palette außen gleichmäßig verstreichen. 1 Stunde kühl stellen. Vor dem Servieren mit Kakaopulver bestreuen, dabei Ornamente mit Karton aussparen. Nach Gusto mit Amarettis genießen.

Roulade mit Limettencreme

Zutaten für 1 Roulade

Für den Teig
8 Eier
100 g Zucker
20 g Speisestärke
4 Eiweiß
100 g Mehl

Für die Creme
7 Blatt farblose Gelatine
350 g Sahne
220 g Buttermilch
3 EL Limettensaft
Abrieb von 1 ½ Biolimetten
1 EL Apfelsaft
120 g Zucker
2–3 EL Holunderblütensirup
300 g Apfelviertel
(bereits geputzt)
ein paar Tropfen
Limettensaft

Außerdem
Backpapier
Puderzucker zum Bestäuben

Zubereitungszeit 45 Min.
Ruhezeit 2 Std. zum
Schluss
Backzeit 10 Min.

1   Backofen vorheizen auf 220 °C (Umluft 200 °C, Gas Stufe 4–5). Ein Backblech mit Backpapier auslegen.

2   Für den Teig die Eier trennen. Eigelb mit 50 Gramm Zucker hellschaumig aufschlagen. Den restlichen Zucker mit der Speisestärke mischen. Das Eiweiß zu Eischnee steif schlagen und dabei die Zucker-Stärke-Mischung löffelweise zugeben. Den Eischnee locker unter die Eigelbmasse heben. Das Mehl auf die Masse sieben und unterziehen. Die Biskuitmasse gleichmäßig auf das Backblech streichen und im Backofen 10 Minuten backen.

3   Ein Kuchengitter mit einem feuchten Geschirrtuch belegen und darauf ein Blatt Backpapier platzieren. Dieses mit etwas Zucker bestreuen. Den gebackenen Boden darauflegen (das Backpapier noch nicht abziehen) und von oben ebenfalls mit einem feuchten Tuch abdecken. Abkühlen lassen.

4   Für die Creme die Gelatine kalt einweichen. Die Sahne halbsteif schlagen. In einem Topf Buttermilch, Limettensaft, Limettenabrieb, Apfelsaft und Zucker verrühren und langsam erwärmen, aber nicht kochen. So lange rühren, bis sich der Zucker gelöst hat. Die Gelatine gut ausdrücken und in der gewürzten Buttermilch auflösen. 3 bis 4 Esslöffel der geschlagenen Sahne in die Buttermilchmasse rühren. Mit dem Sirup abschmecken. Die Sahne unter die Buttermilchmasse heben. Die Apfelviertel fein raspeln, mit Limettensaft beträufeln und unter die Creme rühren.

5   Das obere Backpapier vom Biskuitboden abziehen und die Ränder begradigen. Die Creme auf den Boden streichen. Mithilfe des unteren Backpapiers das Gebäck einrollen. 2 Stunden in den Kühlschrank stellen. Vor dem Servieren mit Puderzucker bestäuben.

Mein Tipp *Die Roulade mit Apfelgelee bestreichen und gehackte Pistazienkörner aufstreuen. Statt einer Roulade kleine Kreise ausstechen und mit Apfelgelee und Limettencreme bestreichen.*

Maronencremetorte

1 Backofen vorheizen auf 175 °C (Umluft 155 °C, Gas Stufe 2). Backpapier auf den Boden der Springform legen und mit dem Ring einspannen. Den Rand der Form ausbuttern und bemehlen.

2 Die Eier trennen. Beide Mehlsorten und das Kakaopulver in eine Schüssel sieben. Gewürze und Backpulver untermischen. In einer zweiten Schüssel Butter, Rohrzucker und Vanillezucker schaumig rühren, dabei nach und nach das Eigelb unterrühren. Das Eiweiß zu Eischnee steif schlagen, dabei den Zucker und die Speisestärke unterrühren. Abwechselnd mit einem Kochlöffel Eischnee, Mehlmischung und Mandeln unter die Buttermasse heben. Den Teig in die Form füllen und im Backofen 25 bis 30 Minuten backen.

3 Den Kuchen auf ein Kuchengitter stellen und auskühlen lassen. Nach Bedarf die Oberfläche gerade schneiden. Den Kuchen umdrehen und das Backpapier abziehen.

4 Aprikosenfruchtaufstrich erwärmen und durch ein Sieb streichen. Den Kuchen damit rundum einpinseln und trocknen lassen.

5 Für die Creme die Gelatine kalt einweichen. Die Maronen klein hacken und mit Milch, Honig, Zimtpulver, 20 Gramm flüssiger Sahne, Orangensaft und -abrieb zu einer feinen Masse pürieren; diese soll eine eher feste, musige Konsistenz haben. Mit Zimt oder Orangenabrieb abschmecken. Die restliche Sahne nicht zu steif schlagen. Den Rum erwärmen, die Gelatine ausdrücken und in dem Rum auflösen. 3 bis 4 Esslöffel der geschlagenen Sahne unter die Rum-Gelatine-Mischung rühren und dann unter die restliche Sahne heben. Danach die Sahne unter die Maronenmischung heben.

6 Mit einer Palette die Maronencreme oben auf der glasierten Torte und an den Rändern verteilen. Von dem Kuvertüreblock von oben mit einem scharfen Messer lange Schokospäne abziehen und nach Belieben die Torte oben und rundum damit verzieren. Die Torte 2 Stunden 30 Minuten kühlen.

Zutaten für 1 Torte

Für den Teig
6 Eier
100 g Maronenmehl
120 g Mehl
1 EL Kakaopulver
¼ TL gemahlener Kardamom
½ TL Nelkenpulver
½ TL Backpulver
150 g weiche Butter
50 g Rohrzucker
1 Päckchen Vanillezucker
90 g Zucker
1 EL Speisestärke
100 g gemahlene Mandeln

Für die Creme
½ Blatt farblose Gelatine
150 g vorgegarte Maronen
4–5 EL Milch
35 g Honig
½ TL Zimtpulver
90 g Sahne
2–3 EL Orangensaft
¼ TL Abrieb von 1 Bioorange
¾ EL Rum

Außerdem
1 Springform à 26 cm
Backpapier
Butter und Mehl für die Form
180 g Aprikosenaufstrich
1 Block Bitterkuvertüre
(50 % Kakao)

Zubereitungszeit
1 Std. 15 Min.
Ruhezeit 2 Std. 30 Min.
Backzeit 25–30 Min.

Kuchen vom Blech & Strudel

Über Generationen bewährt überzeugen die Klassiker alle Liebhaber der feinen Backkunst. Die fruchtigen Blechkuchen und zarten Strudel lassen sich zu vielen Gelegenheiten genießen.

Heidelbeerkuchen mit Streusel

Zutaten für 1 Backblech

Für die Streusel
160 g Mehl
130 g brauner Zucker
Abrieb von ¼ Biozitrone
130 g weiche Butter

Für den Belag
600 g Heidelbeeren

Für den Teig
500 g Mehl
1 Päckchen Backpulver
100 g Zucker
150 g Butter
2 Eier
4 EL Milch

Außerdem
Backpapier

Zubereitungszeit 45 Min.
Ruhezeit 1 Std.
Backzeit ca. 25 Min.

Dieses Rezept finden Sie auf Seite 36 abgebildet.

1 Backofen vorheizen auf 200 °C (Umluft 180 °C, Gas Stufe 3–4).

2 Für die Streusel das Mehl, den Zucker und den Zitronenabrieb in einer Schüssel mischen. Die Butter in kleinen Stückchen dazugeben und alles mit den Fingern so lange locker durchmischen, bis Krümel entstehen. Die Schüssel abdecken und 1 Stunde in den Kühlschrank stellen.

3 Die Heidelbeeren verlesen, waschen, abtropfen lassen und beiseite stellen.

4 Für den Teig das Mehl mit dem Backpulver auf eine Arbeitsfläche sieben, mit dem Zucker mischen und in die Mitte eine Mulde drücken. Die Butter in Stücken ringsherum platzieren, die Eier und die Milch in die Mulde geben. Von innen nach außen alle Zutaten miteinander vermischen und zu einem Teig verkneten.

5 Ein Stück Backpapier auf die Größe eines Backbleches zuschneiden. Den Teig darauf ausrollen. Auf das Backblech legen und an den Rändern noch etwas hochdrücken.

6 Die Heidelbeeren auf dem Teig in einer gleichmäßigen Schicht verteilen und mit Streuseln bedecken. Das Backblech in den Backofen schieben und den Kuchen 25 bis 30 Minuten backen, bis die Streusel eine goldene Farbe haben.

Mein Tipp *Etwas Sauerrahm mit geriebener Limettenschale und Vanillemark mischen und als dünne Schicht auf den Teigboden streichen, bevor die Heidelbeeren und der Streusel daraufgelegt werden. Ich liebe diese Variante!*

Kirschkuchen vom Blech

1   Für den Belag die Kirschen halbieren. Die Kirschhälften in eine Schüssel geben und mit dem Holunderblütensirup beträufeln. Die Schüssel abdecken und die Kirschen für ca. 1 Stunde marinieren.

2   Für den Teig das Mehl mit dem Backpulver mischen, auf eine Arbeitsfläche sieben und in die Mitte eine Mulde drücken. Quark, Öl, Milch und Zucker zufügen und alles von innen nach außen miteinander vermischen und zu einem glatten Teig kneten. Den Teig zu einem flachen Rechteck formen, in Frischhaltefolie wickeln und zum Ruhen 20 Minuten in den Kühlschrank stellen.

3   Backofen vorheizen auf 180 °C (Umluft 160 °C, Gas Stufe 2–3). Ein Backblech gut einfetten.

4   Den Teig in den Maßen des Backbleches ausrollen. Auf das Backblech legen und an den Rändern etwas nach oben drücken.

5   Für den Guss die Sahne mit den Eiern, dem Zucker und dem Vanillemark verquirlen.

6   Die marinierten Kirschen auf dem Backblech verteilen und den Guss auf den Kirschen verteilen. Das Backblech in den Backofen schieben und den Kuchen 25 bis 30 Minuten backen.

7   Den Kuchen etwas abkühlen lassen. Vor dem Servieren die Limette heiß abwaschen und mit einer Reibe etwas Limettenabrieb über den Kuchen reiben. Darüber etwas Puderzucker sieben.

Mein Tipp *Frische Kirschen halbiere ich nach dem Waschen und Abtropfen und löse dabei den Stein gleich aus.*

Zutaten für 1 Backblech

Für den Belag
800 g frische Sauerkirschen, entsteint
8 cl (12 EL) Holunderblütensirup
250 g Sahne
3 Eier
80 g Zucker
ausgekratztes Mark von 1 Vanilleschote

Für den Teig
500 g Mehl
1 Päckchen Backpulver
250 g Quark (20 % Fett)
8 EL neutrales Pflanzenöl
8 EL Milch
50 g Zucker

Außerdem
Frischhaltefolie
Butter für das Backblech
1 Limette
3–4 EL Puderzucker

Zubereitungszeit 50 Min.
Ruhezeit 1 Std.
Backzeit 30 Min.

Auf dem Blech versunkene Aprikosen mit Baiser

Zutaten für 1 Backblech

100 g Amaretti
(kleine Makronen)

1 kg Aprikosen, halbiert
und entsteint

Für den Teig

250 g weiche Butter

200 g Zucker

6 Eier

Abrieb von ½ Biozitrone

4 EL saure Sahne

400 g Mehl

1 Päckchen Backpulver

Für die Baiserhaube

360 g Zucker

12 g Speisestärke

4 Eiweiß

Außerdem

Butter für das Backblech

Zubereitungszeit 30 Min.
Backzeit 40 Min.

1 Die Amaretti in einem Gefrierbeutel verschließen und mit einem Nudelholz zu Bröseln zerstoßen.

2 Backofen vorheizen auf 200 °C (Umluft 180 °C, Gas Stufe 3–4). Ein Backblech mit Butter einfetten.

3 Für den Teig in einer Schüssel die Butter mit dem Zucker gut verrühren und dabei nach und nach die Eier einrühren. Zitronenabrieb und saure Sahne untermischen. Das Mehl mit dem Backpulver mischen, auf die Eiermasse sieben und unterheben.

4 Die Teigmasse mit einer Palette auf dem Backblech verstreichen. Darauf ca. 40 Gramm der Amarettibrösel verteilen. Die Aprikosenhälften mit der runden Seite nach oben in den Teig drücken.

5 Das Backblech in den Backofen schieben und den Kuchen 20 bis 25 Minuten backen.

6 Für die Baiserhaube den Zucker mit der Speisestärke mischen. In einer Schüssel das Eiweiß unter Zugabe von 130 Gramm der Zucker-Speisestärke-Mischung zu festem Eischnee schlagen. Nach und nach die restliche Zuckermischung beigeben und eine feste Masse schlagen. Zum Schluss die restlichen Amarettibrösel unterheben. Den Eischnee in einen Spritzbeutel mit Lochtülle füllen.

7 Das Backblech aus dem Backofen nehmen und den Eischnee in Wellenformen auf den Kuchen spritzen. Das Blech erneut für 15 bis 20 Minuten in den Backofen schieben, bis das Baiser eine leichte Tönung erreicht.

Mein Tipp Ich mag als Alternative zu Aprikosen auch sehr gern Rhabarber! Und ohne Baiserhäubchen lässt sich dieser Kuchen auch wunderbar einfrieren.

Zwetschgenkuchen vom Blech

1 Das Mehl mit dem Backpulver mischen und auf eine Arbeitsfläche sieben. Den Zucker zugeben und rundum Butterstückchen setzen. In die Mitte eine Mulde drücken, Eier und Milch hineingeben. Alle Zutaten zu einem glatten Teig verkneten. Den Teig zu einem flachen Rechteck formen und in Frischhaltefolie wickeln. 30 Minuten in den Kühlschrank stellen.

2 Die Zwetschgenhälften in der Mitte leicht anschneiden, aber nicht zu Vierteln durchschneiden. Beiseite stellen.

3 Backofen vorheizen auf 180 °C (Umluft 160 °C, Gas Stufe 2–3). Ein Backblech gut einfetten.

4 Den Teig dünn ausrollen, auf das Backblech legen und an den Rändern andrücken bzw. hochziehen. Den Boden mehrmals mit einer Gabel einstechen. Den Teig mit Semmelbröseln und Haselnüssen bestreuen und mit den halbierten Zwetschgen in Reihen dekorativ belegen.

5 Den Kuchen in den Backofen schieben und ca. 35 Minuten backen. Herausholen und etwas abkühlen lassen.

6 Das Holunderblütengelee erwärmen und die Zwetschgen damit bestreichen; sie bekommen dadurch einen schönen Glanz.

Mein Tipp Als Variation können Sie über die Zwetschgen auch einige Holunderbeeren streuen oder etwas frischen Ingwer in das Holunderblütengelee vor dem Bestreichen ziehen lassen. Dazu noch ein Klecks Sahne!

Zutaten für 1 Backblech

Für den Teig
500 g Mehl
1 Päckchen Backpulver
100 g Zucker
150 g Butter
2 Eier
4 EL Milch

Für den Belag
1,2 kg Zwetschgen, entsteint und halbiert (Schritt 2)
10 g Semmelbrösel
20 g gemahlene Haselnüsse
200 g Holunderblütengelee

Außerdem
Frischhaltefolie
Butter für das Backblech

Zubereitungszeit 45 Min.
Ruhezeit 30 Min.
Backzeit 35 Min.

Kokos-Karotten-Kuchen vom Blech

Zutaten für 1 Backblech

Für den Teig

¼ l Milch
½ Würfel frische Hefe (20 g)
500 g Mehl
90 g Zucker
75 g Butter
1 Ei

Für den Belag

200 g weiche Butter
100 g + 1 EL Zucker
100 g Marzipanrohmasse
¾ TL Zimtpulver
1 Päckchen Bourbon-
Vanillezucker
¼ TL frisch
geriebener Ingwer
50 g Kokosflocken
200 g Karotten
Abrieb von ¼ Biolimette

Außerdem

Butter für das Backblech

Zubereitungszeit 45 Min.
Ruhezeit 40 Min.
Backzeit 30 Min.

1 Für den Teig die Milch lauwarm erwärmen und darin die Hefe auflösen. Das Mehl auf eine Arbeitsfläche sieben, mit dem Zucker vermischen und in die Mitte eine Mulde hineindrücken. Die Butter in Stücken rundum platzieren. Das Ei und die Hefemilch in die Mulde geben. Alles zu einem glatten Teig verkneten.

2 Den Teig zu einer Kugel formen, in eine Schüssel legen, mit etwas Mehl bestäuben, abdecken und an einem warmen Ort 30 Minuten gehen lassen.

3 Für den Belag die Butter mit 100 Gramm Zucker schaumig rühren und das Marzipan dazubröckeln. Mit einem Mixer zu einer glatten Masse verarbeiten. Zimt, Vanillezucker, Ingwer und 30 Gramm Kokosflocken unter die Masse rühren.

4 Backofen vorheizen auf 200 °C (Umluft 180 °C, Gas Stufe 3–4). Ein Backblech buttern.

5 Den gegangenen Teig nochmals kurz durchkneten. Auf die Größe des Backbleches ausrollen, auf das Backblech legen und dabei die Ecken und Ränder etwas nach oben drücken. Den Teig für weitere 10 Minuten gehen lassen. Die Marzipan-Butter-Masse auf dem Teig verstreichen.

6 Die Karotten waschen, schälen und mit einer Küchenreibe grob raspeln. Die Raspel, den Esslöffel Zucker und die restlichen Kokosflocken auf dem Teig verteilen. Etwas Limettenabrieb über den Teig verteilen. Das Backblech in den Backofen schieben und den Kuchen 30 Minuten backen.

Mein Tipp Das ist ein Lieblingskuchen meiner Tochter, den sie sich meist zur Geburtstagseinladung mit ihren Freunden wünscht. Wir mischen dann unter die Karottenraspel noch klein gewürfelte Stückchen von getrockneten Aprikosen.

Rhabarberstrudel mit Marzipanfüllung

Zutaten für 2 Strudel

Für den Rhabarber

1 kg Rhabarber,
bereits geputzt
100 ml roter Portwein
Saft von 1 Orange
1½ Vanilleschoten
1 Stück Bioorangenschale
1 Zimtstange
80 g Zucker

Für die Strudel

50 g Zwieback
150 g Marzipanrohmasse
150 g weiche Butter
3 Eier (Größe M)
120 g Butter zum
Bestreichen
4 Blätter Strudelteig
à 38 x 38 cm Kantenlänge
(Fertigprodukt aus
dem Kühlregal)
2–3 EL brauner Zucker

1 Den Rhabarber in ca. 1 Zentimeter dicke Stücke schneiden. In einen Topf geben und mit Portwein und Orangensaft begießen. Die Vanilleschoten längs aufschneiden und das Mark herauskratzen. Vanilleschoten, Vanillemark, Orangenschale und Zimtstange zum Rhabarber dazugeben.

2 In einem Topf 120 Milliliter Wasser zum Kochen bringen, den Zucker darin auflösen und ca. 4 Minuten einköcheln lassen. Den Sirup ebenfalls über die Rhabarberstücke gießen.

3 Den Rhabarber zum Kochen bringen, die Hitzezufuhr reduzieren und die Stücke bei schwacher Hitze 10 bis 15 Minuten kochen, sie sollen nicht zu weich werden und zerfallen. Deshalb auf schwungvolles Umrühren verzichten. Anschließend von der Kochstelle nehmen und auskühlen lassen.

4 Für die Strudel den Zwieback mit einer Reibe fein zerreiben. Das Marzipan in einer Schüssel zu kleinen Stücken bröseln und mit der Butter gut verrühren, sodass eine gebundene Masse entsteht. Nach und nach die Eier dazugeben und gut verrühren. Zuletzt den geriebenen Zwieback mit einem Teigspatel unterarbeiten.

5 Ein Sieb auf eine Schüssel setzen und den Rhabarber mit den Gewürzen hineingießen. Gut abtropfen lassen und von dem Rhabarbersud ca. 200 Milliliter abmessen. Den Sud beiseite stellen. Die Gewürze von dem Rhabarber im Sieb entfernen und die Rhabarberstücke zum weiteren Gebrauch parat stellen.

6 Die Butter zum Bestreichen in einem Topf zerlassen. Die Strudel nacheinander befüllen, da die Teigblätter schnell brüchig werden: Dafür ein Küchentuch befeuchten und ein Strudelblatt auflegen. Mit etwas flüssiger Butter bestreichen, darauf jeweils das zweite Blatt leicht versetzt auflegen und ebenfalls mit Butter bestreichen. Auf die unteren Hälften der Strudelblätter mit einer Palette vorsichtig jeweils die Hälfte der Marzipanmasse verstreichen. Darauf

450 Gramm Rhabarberstücke aus dem Sieb verteilen und mit dem braunen Zucker bestreuen. Die Teigblätter links und rechts einschlagen und die Teige von unten nach oben locker mithilfe der Küchentücher einrollen. Den zweiten Strudel ebenso zubereiten.

7   Backofen vorheizen auf 200 °C (Umluft 180 °C, Gas Stufe 3–4). Eine Reine gut mit Butter ausstreichen.

8   Die Strudel mit der Naht nach unten in die Reine hineinlegen und auf der Oberfläche mit flüssiger Butter bepinseln. Die Reine auf die mittlere Schiene in den Backofen schieben und die Strudel ca. 30 Minuten backen. Zwischendurch die Strudel immer wieder mit Butter einpinseln.

9   Für die Sauce den Zucker in einen Topf geben und leicht karamellisieren lassen. Den beiseite gestellten Rhabarbersud auf den Karamell gießen und so lange rühren, bis sich der Karamell vom Topfboden gelöst hat (Achtung vor heißen Spritzern!). Von der Flüssigkeit 4 bis 5 Esslöffel abnehmen und diese mit dem Puddingpulver gut verrühren. Die Sahne in den Topf gießen und unter Rühren aufkochen lassen. Das angerührte Puddingpulver unterziehen.

10 Die Strudel aus der Reine heben und vor dem Servieren mit Puderzucker bestreuen. Die Sauce nach Belieben lauwarm oder ausgekühlt dazu genießen.

Mein Tipp *Ich esse diesen Strudel am liebsten lauwarm mit Sauce. Und zur Kirschenzeit gibt es diesen Strudel oft mit Kirschen. Eine Reine ist übrigens ein flaches Gefäß mit zwei Henkeln, das zum Garen im Backofen geeignet ist. In Süddeutschland und Österreich sagen wir Reine, sonst sind diese Küchenutensilien unter dem Namen Bräter bekannt. Für die Strudel nehme ich selbstverständlich eine rechteckige Reine!*

Für die Sauce
30 g Zucker
1 TL Vanillepuddingpulver
100 g Sahne

Außerdem
2 Geschirrtücher
1 Pinsel
1 Reine (Bräter)
Butter für die Reine
Puderzucker zum Bestäuben

Zubereitungszeit
1 Std. 15 Min.
Backzeit 30 Min.

Traubenstrudel

Zutaten für 1 Strudel

Für die Füllung

250 g rote Trauben
30 g getrocknete Cranberrys
1 Päckchen Bourbon-Vanillezucker
Abrieb von ¼ Bioorange
Abrieb von ½ Biozitrone
40 g Butterkekse (z. B. HiPP Kinderkeks)
2 Eier
80 g gemahlene Walnüsse
¼ TL Zimtpulver
80 g weiche Butter
50 g Zucker
Salz

Für den Teig

2 Blätter Strudelteig à 38 x 38 cm Kantenlänge (Fertigprodukt aus dem Kühlregal)

Zum Bestreichen

ca. 50 g Butter
1 Eigelb
2 EL Sahne

Außerdem

1 frisches Geschirrtuch

Zubereitungszeit 40 Min.
Backzeit 35–40 Min.

1 Backofen vorheizen auf 200 °C (Umluft 180 °C, Gas Stufe 3–4). Eine Form ausbuttern.

2 Die Trauben waschen, abtropfen lassen und halbieren. In einer Schüssel mit den Cranberrys mischen. Vanillezucker mit den Zitrusschalen unter das Obst mischen.

3 Die Kekse in einen Gefrierbeutel geben, diesen verschließen und die Kekse mit einem Teigroller zerbröseln. Die Eier trennen.

4 Keksbrösel, Walnüsse und Zimt in einer Schüssel miteinander vermischen. In einer zweiten Schüssel die Butter mit dem Zucker cremig aufschlagen. Nach und nach das Eigelb unterrühren. Die Nussmischung dazugeben. Das Eiweiß mit 1 Prise Salz zu Eischnee steif schlagen. Den Eischnee unter die Nussmasse heben.

5 Butter zum Bestreichen zerlassen. Eigelb und Sahne verquirlen.

6 Ein Geschirrtuch befeuchten und auf einer Arbeitsfläche ausbreiten. Ein Strudelblatt auflegen, mit flüssiger Butter bepinseln, das zweite Strudelblatt leicht versetzt darauflegen und ebenso mit Butter bestreichen. Von unten an drei Viertel des Teiges mit der Nussmasse bestreichen. Früchte darauf verteilen. Die Seiten links und rechts einschlagen und den Strudel von unten her locker aufrollen. An der Naht mit etwas Eigelb-Sahne-Mischung bestreichen.

7 Den Strudel mit der Nahtseite nach unten in die Form legen und rundum mit der restlichen Eigelb-Sahne-Mischung bestreichen. Im Backofen 35 bis 40 Minuten backen.

Mein Tipp Am besten lauwarm servieren, z. B. mit den Eiskonfektkugeln von Seite 140. Statt Cranberrys können Sie auch Rosinen in Portwein verwenden. Und, wenn Sie mögen, entfernen Sie die Kerne aus den Trauben, nachdem Sie sie halbiert haben.

Mein Lieblingshefezopf

Zutaten für 1 Zopf

Für den Teig
200 ml Milch
1 Würfel frische Hefe (40 g)
500 g Dunst oder
Wiener Griessler
60 g Butter
60 g Zucker
1 Päckchen
Bourbon-Vanillezucker
50 g Magerquark
1 Ei

Zum Bestreichen
1 Eigelb
2–3 EL Sahne

Für die Glasur
3 TL Puderzucker
1 Spritzer Zitronensaft

Außerdem
Backpapier
Hagelzucker, Mandelblätt-
chen, Pistazienkörner
nach Belieben

Zubereitungszeit 30 Min.
Ruhezeit 40 Min.
Backzeit 35–45 Min.

1   Die Milch lauwarm erwärmen, von der Kochstelle nehmen und die Hefe darin auflösen. In eine große Schüssel Dunst oder Wiener Griessler, die Butter in Stückchen, Zucker, Vanillezucker, Quark und Ei geben. Darüber die Hefemilch gießen und innerhalb von gut 5 Minuten zu einem glatten Teig verkneten. Den Teig zu einer Kugel formen, mit etwas Mehl bestäuben und mit einem Küchentuch abdecken. An einem warmen Ort für 30 Minuten gehen lassen. In dieser Zeit sollte sich das Teigvolumen verdoppeln.

2   Ein Backblech mit Backpapier auslegen. Eine Tasse oder Schüssel mit Wasser auf den Backofenboden stellen.

3   Den Teig nochmals kurz durchkneten, in drei gleichschwere Portionen teilen und zu Strängen rollen. Die Stränge von der Mitte aus übereinander legen und ineinander zum Zopf schlingen. Den Zopf auf das Backblech legen und 10 Minuten gehen lassen.

4   Das Eigelb mit der Sahne verschlagen. Den Zopf mit etwas Eigelb-Sahne bepinseln. Das Backblech auf die Schiene unter der Mitte in den kalten Backofen stellen, diesen auf 175 °C (Umluft 155 °C, Gas Stufe 2) einschalten und den Zopf 35 bis 45 Minuten backen. Während der Backzeit den Zopf 2- bis 3-mal bestreichen, er sollte eine leicht bräunliche Farbe annehmen.

5   Für die Glasur den Puderzucker mit 1 bis 2 Teelöffel Wasser und einem Spritzer Zitronensaft dickflüssig anrühren.

6   Den Zopf aus dem Backofen nehmen und noch heiß mit der Glasur bestreichen. Die noch feuchte Glasur nach Belieben mit Hagelzucker, Mandelblättchen oder Pistazien bestreuen.

Mein Tipp Als Variante für die Glasur nehme ich etwas Rum und frischen Abrieb einer Bioorange.

Topfenstrudel

Zutaten für 1 Strudel

Für die Füllung

75 g weiche Butter

75 g Zucker

ausgekratztes Mark von
½ Vanilleschote

2 Eigelb

500 g Schichtkäse

100 g saure Sahne

½ Päckchen
Vanillepudding (20 g)

Abrieb von ¼ Biozitrone

Abrieb von ¼ Bioorange

150 g Marillen (ohne Stein)

1 gehäufter EL Marillen-
fruchtaufstrich

Für den Teig

2 Blätter Strudelteig
à 38 x 38 cm Kantenlänge
(Fertigprodukt aus
dem Kühlregal)

Zum Bestreichen

1 Eigelb

2 EL Sahne

ca. 50 g Butter

Außerdem

1 frisches Geschirrtuch

1 Pinsel

1 Reine (Bräter)

Zubereitungszeit 30 Min.
Backzeit 30–35 Min.

1 Backofen vorheizen auf 180 °C (Umluft 160 °C, Gas Stufe 2–3).

2 Butter, Zucker, Vanillemark und Eigelb schaumig rühren. Den Schichtkäse und die saure Sahne unter die Butter-Ei-Masse heben. Das Puddingpulver dazusieben und verrühren. Die Topfenmasse mit Zitronen- und Orangenschalenabrieb würzen. Die Marillen klein würfeln und unter die Topfenmasse heben. Zum Schluss etwas Marillenfruchtaufstrich grob unterziehen.

3 Zum Bestreichen das Eigelb mit der Sahne verrühren. Einen Pinsel bereitlegen. Die Butter zerlassen.

4 Ein Küchentuch befeuchten und auf einer Arbeitsfläche ausbreiten. Ein Strudelblatt darauf auslegen und mit etwas flüssiger Butter bestreichen. Darauf dann das zweite Strudelblatt leicht versetzt auflegen und ebenfalls mit Butter bestreichen.

5 Auf der unteren Hälfte der Strudelblätter die Topfenmasse mit einer Palette vorsichtig verstreichen. Oben einen Rand von ca. 4 Zentimetern frei lassen. Den Rand mit der Eigelb-Sahne-Mischung bestreichen. Den Teig mithilfe des Küchentuches von unten nach oben locker einrollen.

6 Eine Reine oder ein Backblech mit Butter ausstreichen und den Strudel mit der Naht nach unten hinein- bzw. auflegen. Die beiden Enden links und rechts nach unten einschlagen. Den Strudel rundum mit der Eigelb-Sahne-Mischung bepinseln. In den Backofen schieben und 30 bis 35 Minuten backen.

Mein Tipp *Topfenstrudel schmeckt auch mit Rosinen gut. Herkömmlicher Quark ist von der Konsistenz her sehr flüssig, deshalb verwende ich Schichtkäse. Sollten Sie doch lieber Quark verwenden wollen, dann bitte Magerquark wählen und diesen über Nacht in einem Sieb abtropfen lassen.*

Dinkelgrießstrudel

1 Backofen vorheizen auf 180 °C (Umluft 160 °C, Gas Stufe 2–3).

2 Die Nüsse grob hacken. Den Apfel auf einer Reibe grob raspeln. Apfelraspel mit etwas Zitronensaft beträufeln. Die Eier trennen.

3 Die Butter in einer Schüssel schaumig rühren, nach und nach das Eigelb, den Zucker und das Vanillemark dazugeben. In kleinen Mengen den Grieß nach und nach zufügen und untermischen. Die flüssige Sahne dazugießen und alles zu einer sämigen Masse aufschlagen. Zum Schluss mit Zitronenabrieb würzen. Das Eiweiß in einer separaten Schüssel mit 1 Prise Salz zu Eischnee steif schlagen. Den Eischnee unter die Eigelbmasse heben. Die Nüsse und Apfelrapsel unterziehen.

4 Die Butter zum Bestreichen zerlassen. Zwei Küchentücher gut befeuchten und auf einer Arbeitsfläche ausbreiten. Je ein Strudelblatt daraufleegen und mit flüssiger Butter bestreichen. Darauf je ein zweites Strudelblatt leicht versetzt legen und ebenfalls mit Butter bestreichen.

5 Auf der unteren Hälfte der Blätter die Grießmasse mit einer Palette vorsichtig verstreichen. Die Teigblätter links und rechts einschlagen und den Teig von unten nach oben mithilfe des Küchentuches einrollen.

6 Eine Reine gut mit Butter ausstreichen und die Strudel mit der Naht nach unten hineinlegen. Die Strudel rundum mit der flüssigen Butter bestreichen und mittig im Backofen 35 bis 40 Minuten backen. Zwischendurch die Strudel immer wieder mit Butter einpinseln. Vor dem Servieren die Strudel mit Puderzucker bestreuen.

Mein Tipp Zum Strudel Sauerrahm-Zimt-Eis, Vanillesauce oder Fruchtkompott servieren. So ein Strudel schmeckt auch wunderbar, wenn Sie anstelle von Äpfeln Kirschen verwenden!

Zutaten für 2 Strudel

Für die Füllung
50 g Macadamianüsse
150 g säuerlicher Apfel (z. B. Boskop)
Zitronensaft
3 Eier (Größe M)
50 g weiche Butter
60 g feiner Backzucker
ausgekratztes Mark von ½ Vanilleschote
110 g Dinkelgrieß
125 g Sahne
Abrieb von 1 Biozitrone
Salz

Für den Teig
4 Blätter Strudelteig à 38 x 38 cm Kantenlänge (Fertigprodukt aus dem Kühlregal)

Zum Bestreichen
ca. 100 g Butter

Außerdem
2 frische Geschirrtücher
1 Pinsel
1 Reine (Bräter)
Puderzucker

Zubereitungszeit 45 Min.
Backzeit 35–40 Min.

Kuchen aus der Form

Ob in Gugelhupf-, Tarte-, Kasten- oder Springform, in was auch immer gebacken wird – alles verführt und streichelt die Seele. Knusprig, weich, vollmundig und wie geschaffen für Schleckermäuler.

Luftiger Nusskuss

Zutaten für 1 Kuchen
80 g gehackte Haselnüsse
20 g gehackte Pekannüsse
100 g gehackte Walnüsse
100 g Mandelstifte
300 g Puderzucker
9 Eier
2–3 EL Mandellikör
(z. B. Amaretto)

Außerdem
1 Springform à 28 cm
Durchmesser
Butter und Rohrzucker
für die Form
Backpapier
Aprikosenfruchtaufstrich
und Schokoladenglasur oder
Puderzucker und Zimtpulver
zum Garnieren

Zubereitungszeit 30 Min.
Backzeit 1 Std.

1 Backofen vorheizen auf 180 °C (Umluft 160 °C, Gas Stufe 2–3). Springform mit Butter ausfetten und mit Rohrzucker ausstreuen.

2 Nüsse und Mandeln in einer beschichteten Pfanne ohne Fett hell anrösten und abkühlen lassen.

3 Puderzucker sieben. Eier trennen. In einer Schüssel 100 Gramm Puderzucker mit dem Eigelb cremig aufschlagen. Das Eiweiß mit dem restlichen Puderzucker zu festem Eischnee schlagen.

4 Mandellikör und die gerösteten Nüsse und Mandeln unter die Eigelbmasse rühren. Den Eischnee unterheben.

5 Den Teig in die Form füllen. Die Form in den Backofen stellen und den Kuchen ca. 1 Stunde backen.

6 Man kann den Kuchen auf zweierlei Art servieren: Entweder stürzt man ihn nach dem Backen zum Auskühlen verkehrt herum auf ein mit Backpapier ausgelegtes Kuchengitter, bestreicht ihn dann mit erhitztem, durch ein Sieb gestrichenem Aprikosenfruchtaufstrich und bringt etwas Schokoladenglasur in Streifen auf oder man nimmt ihn aus der Form und bestäubt ihn lediglich mit etwas Puderzucker und Zimtpulver.

Mein Tipp *Diesen Kuchen backe ich auch gerne mit Nussmürbeteig. Dazu bereite ich einen Boden aus dem Rezept von Seite 26 wie beschrieben zu, rolle ihn dünn aus, gebe ihn in die Springform und backe ihn im vorgeheizten Backofen bei 180 °C (Umluft 160 °C, Gas Stufe 2–3) 15 Minuten. Dann erst gebe ich den Nussteig darauf und backe den Kuchen in ca. 1 Stunde fertig.*

Gugelhupf mit Walnussöl

1 Backofen vorheizen auf 160 °C (Umluft 140 °C, Gas Stufe 1–2). Eine Gugelhupfform mit Butter ausstreichen und mehlieren.

2 Die Eier trennen. In einer großen Schüssel die Butter mit den Quirlen eines Handrührgeräts schaumig rühren und dabei die Öle hineinlaufen lassen. Nach und nach das Eigelb in die Buttermasse unterrühren. Mit dem Orangenabrieb würzen.

3 Das Mehl sieben. Das Kakaopulver ebenso sieben. Von dem Mehl ca. 200 Gramm mit dem Kakaopulver verrühren und löffelweise unter den Teig rühren. Das restliche Mehl beiseite stellen.

4 Das Eiweiß mit 1 Prise Salz zu einem kompakten Eischnee aufschlagen und dabei den Zucker löffelweise unterrühren.

5 Natronpulver in der Milch auflösen und unter den Teig rühren.

6 Den Eischnee mit einem Teigspatel portionsweise unter den Teig heben. Das restliche Mehl in den Teig einarbeiten.

7 Den Teig in die Form füllen und im Backofen 15 Minuten backen. Danach die Temperatur auf 170 °C (Umluft 150 °C, Gas Stufe 2) erhöhen und den Kuchen weitere 20 Minuten backen. Zum Schluss die Temperatur nochmals erhöhen auf 180 °C (Umluft 160 °C, Gas Stufe 2–3) und für weitere 25 bis 30 Minuten backen.

Mein Tipp *Anstatt Walnussöl schmeckt auch Mandel- oder Macadamiaöl wunderbar im Kuchenteig. Vor dem Servieren den Gugelhupf mit Puderzucker bestäuben und Sahne, aufgeschlagen mit Vanillezucker dazu reichen. Wichtig bei diesem Kuchen ist die Qualität des Kakaopulvers. Es sollte stark entölt sein, denn dadurch schmeckt der Kuchen besonders schokoladig.*

Zutaten für 1 Kuchen
4 Eier
220 g weiche Butter
200 ml neutrales Pflanzenöl
50 ml Walnussöl
Abrieb von ½ Bioorange
300 g Mehl
80 g Kakaopulver
(z. B. Valrhona Poudre de Cacao)
1 Prise Salz
280 g Zucker
1 gestrichener TL Natron
⅛ l Milch

Außerdem
1 Gugelhupfform à 22 cm Durchmesser
Butter und Mehl für die Form

Zubereitungszeit 30 Min.
Backzeit 65–70 Min.

Doppelter Mandelkuchen

Zutaten für 1 Kuchen

Für Teig Nr. 1
3 Eier
40 g Mehl
½ TL Backpulver
100 g Bitterkuvertüre
(55 % Kakao)
120 g weiche Butter
100 g Zucker
130 g gemahlene
Mandeln mit Haut
¾ TL lösliches Espresso-
pulver oder 1 EL
sehr starker Espresso

Für Teig Nr. 2
3 Eier
40 g Mehl
½ TL Backpulver
120 g weiche Butter
100 g Zucker
130 g blanchierte
gemahlene Mandeln
100 g Marzipanrohmasse
(nach Wunsch)

Außerdem
1 Gugelhupfform à 22 cm
Durchmesser
Butter für die Form
ca. 30 g Mandelblättchen

Zubereitungszeit 30 Min.
Backzeit 50 Min.

1 Backofen vorheizen auf 200 °C (Umluft 180 °C, Gas Stufe 3–4). Eine Gugelhupfform mit Butter ausstreichen und die Mandelblättchen darin ausstreuen.

2 Für den ersten Teig die Eier trennen. Das Mehl mit dem Backpulver mischen und sieben. Die Kuvertüre auf einem Teller im Backofen bei 50 °C weich werden lassen.

3 Die Butter mit dem Eigelb schaumig rühren und den Zucker unter Rühren einrieseln lassen. Die weiche Kuvertüre mit den Quirlen eines Handrührgeräts unterrühren. Die Mandeln und den Kaffee unter die Masse heben. Das Eiweiß zu Eischnee steif schlagen. Den Eischnee und das Mehl abwechselnd unter die Eigelbmasse ziehen. Den Teig in die Form füllen.

4 Den zweiten Teig analog zubereiten: Dazu zunächst die Eier trennen. Mehl und Backpulver mischen und sieben. Butter und Eigelb mit den Quirlen des Handrührgeräts schaumig rühren. Den Zucker unter Rühren in die Eigelbmasse einrieseln lassen. Es soll eine cremige Masse entstehen. Die Mandeln unter den Teig heben. Das Eiweiß zu Eischnee steif schlagen. Den Eischnee und das Mehl abwechselnd unter die Eigelbmasse ziehen. Marzipanfans können noch bis zu 100 Gramm zerkleinerte Marzipanrohmasse in den Teig einarbeiten, dann wird er sehr, sehr saftig und vollmundig.

5 Den zweiten Teig auf die bereits in der Form liegende Masse gießen. Mit einer Gabel einmal rundum eine kreisende Bewegung im Teig drehen, um das marmorierte Muster zu erzeugen.

6 Die Form auf die Schiene unter der Mitte in den Backofen schieben und den Kuchen ca. 50 Minuten backen.

Mein Tipp Vor dem Servieren den Kuchen mit etwas Puderzucker bestäuben und dazu Schlagsahne oder Mandeleis reichen.

Sommerlicher Buttermilchkuchen

1 Backofen vorheizen auf 180 °C (Umluft 160 °C, Gas Stufe 2–3). Ein Backblech mit Backpapier auslegen. Den Backrahmen einfetten und auf das Backblech stellen.

2 Die Nektarine waschen, entsteinen, das Fruchtfleisch klein würfeln und beiseite stellen. Die Eier trennen. Die Butter mit dem Vanillezucker und dem Zucker schaumig schlagen. Nach und nach das Eigelb unterrühren. Das Eiweiß mit 1 Prise Salz zu Eischnee steif schlagen. Das Mehl mit dem Backpulver sieben und mit den Mandeln vermischen.

3 Die Buttermilch in die Eigelbmischung rühren. Abwechselnd den Eischnee und die Mehl-Mandel-Mischung unter den Teig heben. Die Nektarinenwürfel unter den Teig mischen. Den Teig in den Backrahmen geben und 40 bis 50 Minuten backen.

4 Den Kuchen aus dem Backofen holen, auf einem Kuchengitter abkühlen lassen und gegebenenfalls die Oberseite gerade schneiden. Den Kuchen mit der glatten Unterseite nach oben drehen und das Backpapier abziehen.

5 Für den Belag Butter und Ricotta glatt rühren. Puderzucker dazu sieben und unterrühren. Die Masse auf dem Kuchen verstreichen.

6 Für den Guss den Puderzucker sieben und mit Orangensaft glatt rühren. Den Zuckerguss in einen Gefrierbeutel füllen, die Spitze abschneiden, den Guss in Streifen auf dem Kuchen verteilen und mit einer Palette glatt verstreichen. Kurz antrocknen lassen. Das Mangopüree in dünnen Streifen auf den Kuchen ziehen und versetzt dazu Herzen aufspritzen. Den Kuchen mit Kokosflocken oder mit Spänen, die man von der Kuvertüre abzieht, verwenden.

Mein Tipp *Das ist mein Muttertagskuchen! Sie können statt Nektarinen auch Heidelbeeren oder Kirschen nehmen und den Kuchen mit Konfitüre bepinseln, bevor der Guss daraufkommt.*

Zutaten für 1 Kuchen

Für den Teig

1 Nektarine (ca. 200 g; ohne Stein) oder Pfirsich

4 Eier

300 g weiche Butter

1 Päckchen Bourbon-Vanillezucker

220 g Zucker

Salz

440 g Dinkelmehl

1 Päckchen Backpulver

80 g blanchierte gemahlene Mandeln

180 ml zimmerwarme Buttermilch

Für den Belag

90 g weiche Butter

180 g Ricotta

3 EL Puderzucker

Für den Guss

90 g Puderzucker

2–3 EL Orangensaft

Zum Garnieren

Mangopüree (Fertigprodukt, z.B. von Boiron)

Kokosflocken oder 150 g weiße Kuvertüre

Außerdem

Backpapier

1 rechteckiger Backrahmen à 24 x 28 cm

Butter zum Einfetten

Zubereitungszeit 40 Min. Backzeit 40–50 Min.

Apfelkuchen nach Sylter Art

Zutaten für 1 Kuchen

Für den Teig

300 g Mehl
1 TL Backpulver
2 EL Zucker
ausgekratztes Mark
von 1 Vanilleschote
250 g kalte Butter
1 Ei

Für den Belag

3 Äpfel (z. B. Jonagold,
Glockenäpfel), ungeschält
ca. 750 g
2–3 EL Zitronensaft
80 g Zucker
½ TL Zimtpulver
2 EL dunkler Rum
2 EL Mandelblättchen

Außerdem

Frischhaltefolie
1 Springform à 28 cm
Durchmesser
Butter und Mehl für die Form
Puderzucker und Zimtpulver
zum Bestäuben

Zubereitungszeit 45 Min.
Ruhezeit 40 Min.
Backzeit 40–45 Min.

1 Das Mehl mit dem Backpulver, dem Zucker und etwas Vanillemark mischen und in die Mitte eine Mulde drücken. Die Butter in groben Stücken rundum setzen. Das Ei aufschlagen und in die Vertiefung geben. Alle Zutaten rasch mischen und zu einem Teig verkneten. Den Teig zu einem Rechteck formen, in Frischhaltefolie wickeln und für ca. 40 Minuten kalt stellen.

2 Für den Belag die Äpfel schälen, vierteln und die Kerngehäuse entfernen. Die Apfelviertel in dünne Scheiben schneiden und sofort mit Zitronensaft beträufeln. Das restliche Vanillemark, Zucker, Zimt und Rum zu den Apfelscheiben geben und gut untermischen.

3 Backofen vorheizen auf 180 °C (Umluft 160 °C, Gas Stufe 2–3). Die Springform mit Butter einfetten und mehlieren.

4 500 Gramm Teig abwiegen, den restlichen Teig wieder kühl stellen. Die Teigportion 4 bis 5 Millimeter dick ausrollen, einen passend runden Boden ausschneiden und in die Form legen. Die Reste wieder verkneten, erneut ausrollen, ca. 3 Zentimeter breite Streifen schneiden und den Teigkreis damit umranden.

5 Die Mandelblättchen auf dem Teigboden verteilen. Darauf die marinierten Apfelscheiben fächerförmig leicht überlappend einlegen. Den restlichen Teig ausrollen und in Kreisen oder Herzen ausstechen und auf den Apfelscheiben dekorativ verteilen.

6 Die Form in den Backofen stellen und den Kuchen 40 bis 45 Minuten backen. Herausholen und in der Form auskühlen lassen. Den Kuchen mit gesiebtem Puderzucker bestreuen, evtl. auch 1 Prise Zimtpulver auf die ausgestochenen Teigstücke geben.

Mein Tipp Zur Apfelmischung passen auch Rosinen, die man vorab in Rum einlegt. Walnusseis als Begleitung ist ein Gedicht!

Versunkene Johannisbeeren und Rhabarber

1 Für den Teig das Mehl mit dem Backpulver mischen und auf eine Arbeitsfläche sieben. Zucker, Mandeln und Orangenabrieb untermischen. Die Butter in kleinen Stücken ringsherum legen. In die Mitte eine Mulde drücken und das Ei hineingeben. Alle Zutaten rasch zu einem Teig verkneten. Den Teig zu einem flachen Rechteck formen, in Frischhaltefolie wickeln und ca. 30 Minuten in den Kühlschrank stellen.

2 Backofen vorheizen auf 180 °C (Umluft 160 °C, Gas Stufe 2–3). Die Springform mit Butter einfetten und mit Mehl auskleiden.

3 Den Teig auf einer bemehlten Arbeitsfläche 4 bis 5 Millimeter dick ausrollen, den Boden in dem Durchmesser der Form ausschneiden und in die Springform legen. Die Reste nochmals kneten und ausrollen. In ca. 2 Zentimeter breite Streifen schneiden und damit den Rand umlegen. Die Form bis zur weiteren Verwendung in den Kühlschrank stellen.

4 Für die Creme das Marzipan in kleine Stückchen bröckeln. Mit der weichen Butter glatt rühren, den Zucker sowie nach und nach die Eier dazugeben. Wichtig ist, dass alle Zutaten gut miteinander verrührt sind. Zum Schluss das Mehl darüber sieben und mit einem Teigspatel unterziehen.

5 Die Johannisbeeren waschen und abtropfen lassen. Mit einer Gabel die Beeren von den Rispen zupfen. Den Rhabarber in ca. 5 Millimeter dicke Stücke schneiden.

6 Die Marzipanfüllung auf dem Teigboden verteilen und glatt streichen. Das Obst auflegen und mit etwas Zucker bestreuen. Den Kuchen 40 bis 45 Minuten backen. In der Form abkühlen lassen.

Mein Tipp Dieser Kuchen lässt sich auch gut einfrieren oder als Blechkuchen variieren, z.B. mit Birnen oder Zwetschgen.

Zutaten für 1 Kuchen

Für den Teig
250 g Mehl
1 TL Backpulver
80 g Zucker
20 g blanchierte gemahlene Mandeln
Abrieb von ¼ Bioorange
200 g kalte Butter
1 zimmerwarmes Ei

Für die Füllung
120 g Marzipanrohmasse
120 g weiche Butter
3 EL feiner Zucker
2 zimmerwarme Eier (Größe L)
60 g Mehl

Für den Belag
150 g rote Johannisbeeren
150 g Rhabarber, geputzt
2 EL Zucker

Außerdem
Frischhaltefolie
1 Springform à 28 cm Durchmesser
Butter und Mehl für die Form

Zubereitungszeit 1 Std.
Ruhezeit 30 Min.
Backzeit 40–45 Min.

Dieses Rezept finden Sie auf dem Cover abgebildet.

Mohn-Birnen-Kuchen

Zutaten für 1 Kuchen

Für den Teig
400 g Mehl
2 TL Backpulver
200 g Quark (20 % Fett)
7 EL Öl
7 EL Milch
50 g Zucker

Für die Füllung
800 ml Milch
200 ml Birnensaft
150 g Zucker
110 g Grieß
50 g Butter
3 Eier
300 g Birnen
500 g Mohn
2 EL Öl

Für den Guss
1 Ei
125 g Butter
250 g saure Sahne

Außerdem
1 Springform à 28 cm
Durchmesser
Backpapier
Butter für die Form
Frischhaltefolie

Zubereitungszeit 1 Std.
Ruhezeit 30 Min.
Backzeit 1 Std.

1 Für den Teig das Mehl mit dem Backpulver in eine Schüssel sieben. Quark, Öl, Milch und Zucker zugeben und alles miteinander verkneten. Den Teig als eine flache Scheibe formen, in Frischhaltefolie einwickeln und 30 Minuten in den Kühlschrank stellen.

2 Für die Füllung die Milch mit dem Birnensaft zum Kochen bringen. Den Zucker und den Grieß einrieseln lassen und unter Rühren zu einem Brei kochen. Sobald er ausgequollen ist, von der Kochstelle nehmen und die Butter unterrühren. Etwas abkühlen lassen.

3 Die Eier trennen. Eigelb mit einem Schneebesen unter den Grießbrei rühren. Das Eiweiß zu Eischnee steif schlagen. Die Birnen waschen, schälen, halbieren, entkernen und klein würfeln. Zuerst den Mohn und das Öl, dann die Birnenstückchen unter den Grießbrei mischen. Zuletzt den Eischnee unterheben.

4 Für den Guss das Ei trennen. Die Butter flüssig werden und etwas abkühlen lassen. Mit der sauren Sahne und dem Eigelb verrühren. Das Eiweiß zu Eischnee steif schlagen und unterheben. Ein Drittel der Rahmmasse noch unter den Mohnteig rühren.

5 Backofen vorheizen auf 180 °C (Umluft 160 °C, Gas Stufe 2–3). Backpapier auf den Boden der Springform legen und mit dem Ring einspannen. Den Rand der Form mit Butter einstreichen.

6 Den Teig auf einer bemehlten Arbeitsfläche ausrollen und in die Springform legen, dabei die Teigränder bis ganz nach oben einpassen. Den Mohnteig in die Springform gießen und mit dem restlichen Guss bedecken. Den Kuchen ca. 1 Stunde backen.

Mein Tipp *Besonders schön sehen getrocknete Birnenchips als Garnitur aus: Dazu Birnen schälen, in dünne Scheiben schneiden, in etwas Läuterzucker (aufgekochtes Zuckerwasser) blanchieren und dann auf einem Backblech im Backofen bei 50 °C trocknen lassen, bis sie leicht knusprig sind.*

Kirschkuchen Florentiner Art

1 Backofen vorheizen auf 200 °C (Umluft 180 °C, Gas Stufe 3–4). Backpapier auf den Boden der Springform legen und mit dem Ring einspannen. Den Rand der Form mit Butter einstreichen.

2 Das Mehl mit dem Backpulver gründlich mischen, sieben und griffbereit stellen.

3 In einer Schüssel die Sahne mit dem Vanillemark halbsteif schlagen. Zucker und Zitronenabrieb einrühren. Nach und nach die ganzen Eier unter die Sahnemasse rühren. Zuletzt das Mehl unterheben.

4 Den Teig in die Springform gießen und darauf die Kirschen verteilen. Die Form in den Backofen stellen und den Kuchen 25 Minuten backen.

5 Während dieser Backzeit den Guss vorbereiten: Dafür Butter, Zucker, Milch und Mandelblättchen in einem Topf kurz aufkochen und etwas abkühlen lassen.

6 Nach der zuvor genannten Backzeit den Kuchen kurz aus dem Backofen nehmen, die Mandelmasse auf den Kirschen verteilen und die Form erneut in den Backofen stellen. Den Kuchen weitere 25 Minuten backen. Die Kruste sollte eine goldgelbe Farbe haben.

7 Den Kuchen in der Form auskühlen lassen und vor dem Servieren mit Puderzucker bestäuben.

Mein Tipp Dies ist ein idealer Kuchen, um auch Äpfel, Birnen oder Quitten auf köstliche Art zu verarbeiten.

Zutaten für 1 Kuchen

Für den Teig
185 g Mehl
½ TL Backpulver
200 g Sahne
ausgekratztes Mark von ½ Vanilleschote
100 g Zucker
Abrieb von ½ Biozitrone
3 Eier

Für den Belag
600 g Kirschen (entsteint)

Für den Guss
50 g Butter
50 g Zucker
3–4 EL Milch
40 g Mandelblättchen

Zum Bestäuben
Puderzucker

Außerdem
Backpapier
1 Springform à 28 cm Durchmesser
Butter für die Form

Zubereitungszeit 30 Min.
Backzeit 50 Min.

Geburtstagskuchen mit Schokoladenglasur

Zutaten für 1 Kuchen

Für den Teig

8 zimmerwarme Eier (Größe L)
370 g Mehl
1 Prise Salz
5 g Backpulver
370 g weiche Butter
320 g feiner Backzucker
2 EL Bourbon-Vanillezucker
3 EL Rum
Abrieb von ½ Bioorange
Abrieb von ½ Biozitrone

Für die Glasur

80 g Orangenschokolade (z. B. Lindt)
120 g Zartbitterkuvertüre (50 % Kakao)
½ TL Zimtpulver

Zum Garnieren

gemahlene Mandeln, Mandelblättchen, -stifte oder dünne Kerzen

Außerdem

1 Backblech
1 Backrahmen à 24,5 x 24,5 cm
Backpapier
Büroklammern
Butter für den Backrahmen

Zubereitungszeit 50 Min.
Backzeit 40-45 Min.

1 Backofen vorheizen auf 200 °C (Umluft 180 °C, Gas Stufe 3–4). Den Backrahmen auf ein Blatt Backpapier stellen, die überstehenden Seiten nach oben klappen und dort am oberen Rand jede Seite mit einer Büroklammer feststecken. Die Innenseiten des Backrahmens mit weicher Butter ausstreichen.

2 Für den Teig die Eier trennen. Das Mehl sieben. Das Eiweiß mit 1 Prise Salz zu Eischnee steif schlagen.

3 Mit den Quirlen eines Handrührgeräts die Butter mit dem Zucker und dem Vanillezucker cremig aufschlagen. Nach und nach das Eigelb unterrühren. Rum, Zitronen- und Orangenabrieb zugeben und kurz untermixen. Mit einem Kochlöffel abwechselnd Eischnee und Mehl unterziehen.

4 Die Masse in den Backrahmen gießen und verstreichen. Auf die mittlere Schiene im Backofen schieben und den Kuchen in 40 bis 45 Minuten backen. Eine Stäbchenprobe in der Mitte des Kuchens empfiehlt sich.

5 Den fertigen Kuchen auf ein Gitter setzen und abkühlen lassen.

6 In der Zwischenzeit beide Kuvertüren grob hacken und im warmen Wasserbad langsam schmelzen. Den Zimt unterrühren.

7 Den Kuchen mit der Schokolade überziehen und mit gemahlenen Mandeln, Mandelblättchen, -stifte oder Kerzen garnieren.

Mein Tipp Sie können die Zutaten auch halbieren und den Teig in einer gut gefetteten und mehlierten Gugelhupfform à 22 Zentimeter Durchmesser backen. Oder aus der angegebenen Teigmenge zwei Gugelhupfe backen und unterschiedlich garnieren.

Der beste Käsekuchen der Welt

Zutaten für 1 Kuchen

Für die Füllung
2 Päckchen Vanillepuddingpulver
3 EL + 150 g Zucker
½ l Milch
5 Eier
2 TL Bourbon-Vanillezucker
1 kg Schichtkäse
2 EL Öl
Abrieb von 1 Biozitrone
20 g Rosinen
Salz

Für den Teig
300 g Mehl
250 g kalte Butter
80 g Zucker
1 Ei

Für den Guss
1 Ei
125 g Butter
250 g saure Sahne

Außerdem
Frischhaltefolie
Backpapier
1 Springform à 28 cm
Durchmesser
Butter für die Form

Zubereitungszeit 50 Min.
Ruhezeit 30 Min.
Backzeit 1 Std.

1 Für die Füllung ein Päckchen Puddingpulver mit 3 Esslöffel Zucker mischen und mit 4 bis 5 Esslöffel Milch glatt rühren. Die restliche Milch aufkochen, beiseite nehmen und das angerührte Pulver einrühren. Den Pudding unter Rühren aufkochen und 1 Minute kochen lassen. Die heiße Puddingmasse direkt mit Frischhaltefolie abdecken und abkühlen lassen.

2 Für den Teig Mehl, Butter, Zucker und Ei zu einem glatten Teig verkneten. In Frischhaltefolie wickeln und 30 Minuten in den Kühlschrank stellen.

3 Backofen vorheizen auf 190 °C (Umluft 170 °C, Gas Stufe 3). Backpapier auf den Boden der Springform legen und mit dem Ring einspannen. Den Rand der Form mit Butter einstreichen.

4 Den Teig ausrollen und so in die Form legen, dass der Teigrand mit dem oberen Ende der Form abschließt. Den Teig in der Form wieder in den Kühlschrank stellen.

5 Die Eier für die Füllung trennen. Eigelb mit 150 Gramm Zucker und dem Vanillezucker cremig aufschlagen. Den Schichtkäse und das Öl unterrühren. Das zweite Päckchen Puddingpulver direkt in die Masse sieben. Den abgekühlten Pudding unter die Quarkmasse rühren. Mit dem Zitronenabrieb abschmecken. Die Rosinen unterheben. Das Eiweiß mit 1 Prise Salz zu Eischnee steif schlagen und ebenfalls unter die Masse heben.

6 Für den Guss das Ei trennen. Die Butter zerlassen und etwas abkühlen lassen. Mit der sauren Sahne und dem Eigelb verrühren. Das Eiweiß zu Eischnee steif schlagen und unter den Guss rühren. Die Hälfte der Mischung unter den Quarkteig rühren. Die Quarkmasse auf den Teigboden geben. Den restlichen Guss darüber verstreichen. Die Form in den Backofen stellen und den Kuchen ca. 50 Minuten backen. Vor dem Anschneiden gut auskühlen lassen.

Tarte Tatin

1 Für den Boden das Mehl mit Puderzucker, Ei und der Butter in Stücken rasch zu einem glatten Teig verkneten. In Frischhaltefolie wickeln und 2 Stunden im Kühlschrank ruhen lassen.

2 Die Äpfel schälen, halbieren, entkernen und achteln.

3 Den Zucker mit 200 Milliliter Wasser in eine Pfanne mit hohem Rand geben und bei schwacher Hitze unter Rühren zu Karamell erhitzen. Der Karamell soll eine mittelbraune Farbe annehmen. Die Rosmarinzweige einlegen. Kurz darauf die Apfelspalten dazugeben. Die Butter in kleinen Stückchen über die Äpfel verteilen und diese in 5 bis 8 Minuten weich kochen.

4 Backofen vorheizen auf 180 °C (Umluft 160 °C, Gas Stufe 2-3).

5 Auf einer bemehlten Arbeitsfläche den Teig etwas größer ausrollen als der Durchmesser der Pfanne ist. Mit einer Gabel den Teig mehrmals einstechen. Teigplatte auf die Apfelstücke legen.

6 Die Pfanne auf den Rost im Backofen stellen und die Tarte 20 Minuten backen.

7 Die Tarte aus dem Backofen nehmen, kurz abkühlen lassen und auf einen Teller wenden. Rosmarinzweige nach Bedarf entfernen.

Mein Tipp Ich mag die Tarte am liebsten noch lauwarm mit einem großen Löffel Crème fraîche dazu. Alternativ verwende ich statt Äpfeln auch gerne Kirschen oder Mirabellen.

Zutaten für 1 Tarte

Für den Boden
180 g Mehl
10 g Puderzucker
1 Ei
135 g kalte Butter

Für den Belag
1,2 kg Äpfel (z. B. Topas oder Boskop)
200 g Zucker
2 frische Zweige Rosmarin
50 g Butter

Außerdem
Frischhaltefolie
1 hitzebeständige Pfanne mit hohem Rand à 26 cm Durchmesser

Zubereitungszeit 40 Min.
Ruhezeit 2 Std.
Backzeit 20 Min.

Südafrikanische Milchtarte

Zutaten für 1 Tarte

Für die Füllung
30 g Vanillepuddingpulver
½ l Milch
50 g Butter
120 g Zucker
1 Zimtstange
ausgekratztes Mark von
1 Vanilleschote
120 g Maisgrieß
5 cl Mandellikör
(z. B. Amaretto)
2 Eigelb

Für den Teig
1 Rolle Blätterteig
(275 g, aus dem Kühlregal)

Zum Bestäuben
Zimtpulver

Außerdem
1 Tarteform à 28 cm
Durchmesser
Butter und Mehl für die Form
Backpapier
Hülsenfrüchte
zum Blindbacken

Zubereitungszeit 45 Min.
Backzeit 30 Min.

1 Backofen vorheizen auf 200 °C (Umluft 180 °C, Gas Stufe 3–4).

2 Für die Füllung das Puddingpulver mit 4 bis 5 Esslöffel Milch in einer kleinen Schüssel glatt rühren.

3 Die restliche Milch in einem Topf mit der Butter, dem Zucker, der Zimtstange und dem Vanillemark erhitzen. Den Maisgrieß unter ständigem Rühren in die kochende Milch einrieseln lassen und kurz aufkochen. Das angerührte Puddingpulver unterrühren. Die Hitze etwas reduzieren und den Brei für ca. weitere 5 Minuten köcheln lassen. Den Topf von der Kochstelle nehmen und die Zimtstange entfernen. Die Masse etwas abkühlen lassen und den Mandellikör einrühren.

4 Eigelb mit einem Schneebesen in die Grießmasse rühren.

5 Die Tarteform mit Butter ausfetten und mit Mehl ausstreuen. Den Blätterteig auf einer bemehlten Arbeitsfläche ausrollen und auf ca. 3 Millimeter Dicke ausrollen. Den Teig in die Form einlegen und die überstehenden Ränder abschneiden. Mit einer Gabel mehrmals in den Teigboden stechen. Zum Blindbacken auf den Teig ein Blatt Backpapier legen und darauf die Hülsenfrüchte verteilen. Die Form in den Backofen schieben und den Boden 8 bis 10 Minuten blindbacken.

6 Die Hülsenfrüchte und das Papier entfernen und die Maisgrießmasse auf dem Blätterteigboden verteilen.

7 Die Form auf die mittlere Schiene in den Backofen schieben und die Tarte 30 Minuten backen. Auskühlen lassen und dünn mit Zimt bestäuben.

Birnentarte mit Thymian

1   Für den Teig das Mehl auf eine Arbeitsfläche sieben, mit dem Zucker vermischen und in die Mitte eine Vertiefung drücken. Die Butter in Stücken ringsherum platzieren und das Eigelb in die Mulde geben. Alles schnell zu einem glatten Teig verkneten. Den Teig zu einem flachen Rechteck formen, in Frischhaltefolie wickeln und für 40 Minuten in den Kühlschrank legen.

2   Backpapier auf den Boden der Springform legen und mit dem Ring einspannen. Den Rand der Form mit Butter einstreichen. Den Teig etwas größer als die Form ausrollen und in die Form drücken. Den Rand ca. 2 Finger breit nach oben drücken. Den Boden mit einer Gabel mehrmals einstechen und 10 Minuten kühl stellen.

3   Backofen vorheizen auf 200 °C (Umluft 180 °C, Gas Stufe 3–4).

4   Zum Blindbacken ein Blatt Backpapier auf den Teig in der Form legen und Hülsenfrüchte zum Beschweren darauf verteilen. Die Form in den Backofen schieben und den Teig 12 Minuten blindbacken. Die Hülsenfrüchte entfernen und den Teig nochmals ca. 4 Minuten backen. Backpapier und Hülsenfrüchte entfernen.

5   Für die Royale Sahne, Eier und Eigelb verquirlen. Die Eiermilch mit Vanillezucker, Zucker, Thymian und Zitronenabrieb würzen.

6   Die Birnen schälen, entkernen und in dünne Scheiben schneiden. Die Birnenscheiben kreisrund, fächerförmig und leicht überlappend in die Form einlegen. Mit der Royale begießen. Die Tarte für weitere 20 bis 25 Minuten backen. In der Form etwas auskühlen lassen.

7   Eine Pfanne ohne Fett erhitzen und die Pinienkerne darin hell anrösten. Den Honig erwärmen und auf die Tarte pinseln. Die Pinienkerne darauf verteilen.

Mein Tipp Schmeckt auch gut mit Äpfeln und Rosmarin.

Zutaten für 1 Tarte

Für den Teig
150 g Mehl
40 g Zucker
100 g Butter
1 Eigelb

Für die Royale
200 g Sahne
2 Eier
1 Eigelb
1 Päckchen Bourbon-Vanillezucker
40 g Zucker
Blättchen von 2–3 Zweigen Thymian
Abrieb von ½ Biozitrone

Für Belag und Garnitur
3–4 weiche aromatische Birnen (ca. 500 g)
ca. 50 g Pinienkerne
2 EL Honig

Außerdem
Frischhaltefolie
Backpapier
1 Springform à 26 cm Durchmesser
Hülsenfrüchte zum Blindbacken

Zubereitungszeit 40 Min.
Ruhezeit 50 Min.
Backzeit ca. 40 Min.

Buchteln

Für den Teig
1 Würfel frische Hefe (40 g)
¼ l kalte Milch
500 g Mehl + 50 g Mehl
1 EL Speisestärke
80 g Puderzucker
Abrieb von 1 Biozitrone
2 Eier
4 Eigelb
80 g zimmerwarme Butter
Salz

Für die Füllung
ca. 16 TL Powidl
(Pflaumenmus)

Außerdem
ca. 120 g Butter
zum Zerlassen
Butter und brauner Zucker
für die Form
1 Reine à 30 x 20 cm

Zubereitungszeit 40 Min.
Ruhezeit über Nacht
plus 30 Min.
Backzeit 35–40 Min.

1   Die Hefe zerbröseln und in der Milch auflösen.

2   In einer Schüssel 500 Gramm Mehl, Speisestärke, Puderzucker, Zitronenabrieb, Eier und Eigelb mit der Hefemilch vermischen. Die Butter und 1 Prise Salz dazugeben und alles zu einem glatten Teig verarbeiten, dabei so lange kneten, bis sich der Teig vom Schüsselrand löst. Falls der Teig zu sehr klebt, von den 50 Gramm Mehl kleine Portionen extra einarbeiten.

3   Die Schüssel abdecken und den Hefeteig über Nacht im Kühlschrank gehen lassen.

4   Am nächsten Tag die Butter in einem kleinen Topf bei schwacher Hitze zerlassen. Die Reine mit etwas Butter ausstreichen und den Boden mit Zucker bestreuen.

5   Den Teig einmal kurz durchkneten, zu einer Rolle formen und Scheiben von 50 bis 60 Gramm abschneiden. Mit bemehlten Händen die runden Teigstücke etwas flach drücken und jeweils in der Mitte etwas Pflaumenmus als Füllung platzieren. Die Teigränder von oben und unten sowie von links und rechts zusammenziehen. Die untere Seite in die flüssige Butter tauchen oder damit bestreichen. Die gebutterten Buchteln in die Reine setzen. Rasch die weiteren Buchteln formen und dicht an dicht Reihe für Reihe in der Form aneinanderreihen. Abdecken und 30 Minuten gehen lassen.

6   Backofen vorheizen auf 190 °C (Umluft 170 °C, Gas Stufe 3). Die Reine auf der Stufe unterhalb der Mitte in den Backofen schieben und die Buchteln 35 bis 40 Minuten backen; sie sollen eine hellbraune Färbung bekommen.

Mein Tipp Das Pflaumenmus kann man mit etwas Rum und Zimt verfeinern. Als Füllung mag ich auch sehr gerne den Birnen-Feigen-Aufstrich von Seite 135.

Orangentarte

Zutaten für 1 Tarte

Für den Teig

200 g Mehl
75 g Zucker
100 g Butter
1 Ei

Für den Guss

80 g Puderzucker
3 Eier
Abrieb von 1 Bioorange
125 g Crème fraîche
1 TL Orangenlikör
(z. B. Grand Marnier)
3–4 EL Orangensaft
1 Prise brauner Zucker

Außerdem

Frischhaltefolie
Backpapier
1 Springform à 26 cm
Durchmesser
Butter und Zucker für
die Form
Hülsenfrüchte (z. B. Linsen)
zum Blindbacken

Zubereitungszeit 40 Min.
Ruhezeit 30 Min.
Backzeit ca. 20 Min.

1 Das Mehl auf einer Arbeitsfläche schnell mit dem Zucker, der Butter in Stücken und dem Ei zu einem glatten Teig verarbeiten. Den Teig zu einem flachen Rechteck formen und in Frischhaltefolie wickeln. Für 30 Minuten in den Kühlschrank legen.

2 Backofen vorheizen auf 200 °C (Umluft 180 °C, Gas Stufe 3–4). Ein Stück Backpapier auf den Boden der Springform legen und mit dem Ring einspannen. Den Rand der Form mit Butter einstreichen und mit Zucker ausstreuen.

3 Den Teig ausrollen, in die Form legen und die Ränder bis nach oben mit Teig auskleiden. Den Teig mehrmals mit einer Gabel einstechen. Ein Blatt Backpapier auf den Teig legen und die Hülsenfrüchte zum Beschweren auflegen. Die Form in den Backofen geben und den Teig 15 Minuten blindbacken.

4 Den blindgebackenen Boden aus dem Backofen nehmen und die Hülsenfrüchte und das Backpapier entfernen. Temperatur des Backofens auf 180 °C (Umluft 160 °C, Gas Stufe 2–3) reduzieren.

5 Für den Guss den Puderzucker in eine Schüssel sieben und mit den Eiern schaumig aufschlagen. Das Volumen verdoppelt sich bei diesem Arbeitsgang. Den Orangenabrieb und die Crème fraîche unterziehen. Mit Orangenlikör und Orangensaft abschmecken.

6 Den Orangenguss auf dem blindgebackenen Boden verteilen. Die Form bei 180 °C in den Backofen schieben und die Tarte ca. 20 Minuten backen. Kurz vor Ende der Backzeit 1 Prise braunen Zucker über die Masse streuen und für ca. 2 Minuten den Backofen auf Oberhitze stellen.

Mohnkuchen

1 Backofen vorheizen auf 180 °C (Umluft 160 °C, Gas Stufe 2–3). Die Kastenform mit Butter ausstreichen und mit Mehl auskleiden.

2 Die Johannisbeeren waschen, trockentupfen und die Beeren von den Rispen zupfen.

3 Die Eier trennen. Den Puderzucker in eine Schüssel sieben und mit der Butter und dem Vanillezucker schaumig rühren. Crème de Cassis und Zitronenabrieb unterrühren. Nach und nach das Eigelb unter die Buttermasse rühren. Zuletzt den Mohn unterrühren.

4 Das Eiweiß mit 1 Prise Salz zu Eischnee steif schlagen und den Zucker in Portionen dazugeben. Den Eischnee mit einem Teigspatel unter die Mohnmasse heben.

5 Mehl und Speisestärke gut vermischen, in die Teigmasse sieben und unterrühren. Die Milch unterrühren.

6 Den Teig in der Form verteilen. Die Johannisbeeren daraufgeben und mit einer Gabel unterziehen.

7 Die Form in den Backofen stellen und den Kuchen zunächst 30 Minuten backen. Danach die Backform mit einem Stück Alufolie abdecken und den Kuchen weitere 15 bis 20 Minuten backen. Den Kuchen auf einem Kuchengitter abkühlen lassen.

8 Für die Glasur den Puderzucker in eine Schüssel sieben und mit Crème de Cassis, Johannisbeersaft und Zitronensaft mischen; die Glasur soll in der Konsistenz dickflüssig vom Löffel laufen. Den Kuchen damit bestreichen und die Glasur trocknen lassen.

Mein Tipp Köstlich schmeckt der Kuchen auch nur mit Puderzucker bestreut und einer Kugel Rotweineis dazu.

Zutaten für 1 Kuchen
80 g schwarze Johannisbeeren
4 Eier
70 g Puderzucker
150 g weiche Butter
1 Päckchen Bourbon-Vanillezucker
1 EL Crème de Cassis (schwarzer Johannisbeerlikör)
Abrieb von ½ Biozitrone
170 g gemahlener Mohn
1 Prise Salz
70 g körniger Zucker
50 g Mehl
50 g Speisestärke
60 ml Milch

Für den Guss
10–15 EL Puderzucker
1 TL Crème de Cassis (schwarzer Johannisbeerlikör)
2 TL Johannisbeersaft
1–2 TL Zitronensaft

Außerdem
1 Kastenform à 30 x 12 cm
Butter und Mehl für die Form

Zubereitungszeit 30 Min.
Backzeit 45–50 Min.

Bananenbrot

1 Backofen vorheizen auf 180 °C (Umluft 160 °C, Gas Stufe 2–3). Die Kastenform gut mit Butter ausstreichen und mit braunem Zucker ausstreuen.

2 Die Pekannüsse mit einem großen Messer oder in einem elektrischen Zerkleinerer fein hacken. Die Datteln vierteln, entsteinen und in kleine Stücke schneiden. Das Mehl sieben und mit dem Backpulver und dem Zimt mischen. Die Banane schälen und mit einer Gabel zu feinem Mus zerdrücken.

3 In einer Schüssel die Butter mit dem Zucker, Vanillezucker und dem Ei cremig aufschlagen. Den Joghurt in die Buttermasse einrühren. Den Bananenbrei und die Pekannüsse unterheben. Das Mehl mit einem Teigspatel unterheben. Zuletzt die Dattelstücke untermischen.

4 Den Teig in die Kastenform füllen, die Form in den Backofen schieben und das Bananenbrot 45 bis 55 Minuten backen, bis bei einer Stäbchenprobe kein Teig mehr daran haftet.

Mein Tipp Dieser Kuchen ist einer meiner Lieblingskuchen, denn er lässt sich so herrlich variieren. Statt mit Zimtpulver kann man ihn mit Kaffeepulver würzen und mit etwas Cognac oder Rum verfeinern. Man kann ihn auch mit Schokolade glasieren und mit gehackten Bananenstücken bestreuen. Zum Hit an Kindergeburtstagen wird er durch Minischokolinsen und Gummibärchen.

Zutaten für 1 Kuchen

80 g Pekannüsse
60 g Datteln
250 g Mehl
2 TL Backpulver
1 TL Zimtpulver
200 g Banane
(150 g ohne Schale)
100 g weiche Butter
120 g brauner Zucker
½ Päckchen Bourbon-Vanillezucker
1 Ei
100 g Naturjoghurt
(3,8 % Fett)

Außerdem

1 Kastenform à 30 x 12 cm
Butter und brauner Zucker für die Form

Zubereitungszeit 20 Min.
Backzeit 45–55 Min.

Feines Kleingebäck

Verführerisches Minigebäck, traditionell oder modern in Szene gesetzt. Gaumenfreuden unter zarten Häubchen, mit Leidenschaft gebacken. Ein himmlischer Genuss nach dem anderen.

Schokoladenküchlein mit Orangenhaube und Pistazienwiese

Zutaten für 6 Stück

Für den Teig
60 g Butterschmalz
1 Ei (L)
125 g Naturjoghurt
ausgekratztes Mark
von 1 Vanilleschote
125 g Rohrzucker
120 g Mehl
30 g Kakaopulver
½ TL Backpulver
1 Prise Salz
½ TL Natron
100 g Zartbitterkuvertüre-
callets (55 % Kakao)

Für die Garnitur
50 g fein gehackte Pistazien
6-8 EL Orangenmarmelade
essbare Blüten (z. B. Veil-
chen) zum Garnieren

Außerdem
6 Baba-/Dariol-Becher-
förmchen (Aluminium)
à 7 cm Durchmesser
und 7 cm Höhe
Butter und Zucker für die
Förmchen

Zubereitungszeit 40 Min.
Backzeit 30–35 Min.

*Dieses Rezept
finden Sie auf
Seite 82/83 abgebildet.*

1   Das Butterschmalz in einem Topf erwärmen, bis es flüssig ist.

2   Backofen vorheizen auf 180 °C (Umluft 160 °C, Gas Stufe 2–3). Die Vertiefungen der Förmchen mit weicher Butter ausstreichen und mit Zucker auskleiden.

3   In einer Schüssel Ei, Joghurt, Vanillemark und Rohrzucker miteinander verrühren.

4   Mehl und Kakaopulver in eine zweite Schüssel sieben. Mit Backpulver, 1 Prise Salz und Natron vermischen. Die Schokoladencallets untermischen.

5   Die Eier-Joghurt-Masse mit einer Küchenmaschine oder den Quirlen eines Handrührgeräts unter die Mehlmischung rühren. Zum Schluss das Butterschmalz unter die Masse rühren.

6   Die Vertiefungen der Förmchen zu drei Viertel ihrer Höhe mit Teig füllen. Die Förmchen auf ein Backblech stellen, in den Backofen schieben und die Küchlein 30 bis 35 Minuten backen.

7   Die Förmchen aus dem Backofen nehmen und auf einem Kuchengitter auskühlen lassen.

8   Die gehackten Pistazien in eine flache, breite Schüssel geben. Die Orangenmarmelade in einem kleinen Topf erwärmen und durch ein Sieb streichen. Die Küchlein damit bestreichen und kopfüber in die Pistazien stecken. Diese »Wiese« nach Wunsch mit essbaren Blüten dekorieren.

Mein Tipp Die Küchlein können auch in Muffin-Papierback-förmchen gebacken werden, dann braucht man keine Butter und keinen Zucker zum Auskleiden.

Karottenmuffins mit Ingwerkrone

1 Backofen vorheizen auf 180 °C (Umluft 160 °C, Gas Stufe 2–3). Die Muffinform einfetten oder in die Vertiefungen je ein Papierförmchen setzen.

2 Die Walnüsse grob hacken. Eine Pfanne ohne Fett erhitzen und die Walnüsse darin leicht anrösten. Beiseite stellen.

3 Mehl, Natron, Backpulver, Zimt und Zucker in einer Schüssel vermischen. Die Karotten und Äpfel waschen, schälen und auf einer Küchenreibe in eine Schüssel grob raspeln.

4 Die Butter mit den Eiern und dem Vanillemark schaumig rühren. Nach und nach die Mehlmischung mit einem Teigspatel unterziehen. Zum Schluss abwechselnd Karotten- und Apfelraspel sowie die Walnüsse unterheben.

5 Die Vertiefungen der Form zu drei Viertel ihrer Höhe mit Teig füllen. Die Form auf die mittlere Schiene des Backofens schieben und die Muffins 20 bis 25 Minuten backen. Die Form herausholen und auf einem Kuchengitter abkühlen lassen.

6 Das Eiweiß mit 1 Prise Salz zu Eischnee steif schlagen und den Puderzucker unterrühren. Mit Zitronenabrieb würzen. Die Masse in einen kleinen Gefrierbeutel füllen, eine Spitze knapp abschneiden und die Muffins mit aufgespritzten dünnen Kreisen verzieren. Wer mag, glasiert die Muffins ganz. Den kandierten Ingwer fein hacken und mittig auf die noch feuchte Glasur platzieren.

Mein Tipp *Der Teig bekommt ein besonders feines Aroma, wenn man den kandierten Ingwer gleich in den Teig miteinarbeitet. Als Alternative zur klassischen Muffinform lassen sich auch kleine rechteckige Küchlein in Aluschälchen backen. Aus der aufgeführten Zutatenmenge bekommt man drei bis vier Kuchen in den Maßen 7,5 x 12 Zentimeter.*

Zutaten für 10-12 Muffins

Für den Teig
30 g Walnüsse
125 g Mehl
¼ TL Natron
¾ TL Backpulver
½ TL Zimtpulver
125 g Zucker
100 g zarte Karotten
100 g Äpfel
150 g Butter
3 Eier (Größe L)
ausgekratztes Mark von
1 Vanilleschote

Für die Glasur
1 Eiweiß (Größe M)
1 Prise Salz
50 g Puderzucker
etwas Abrieb von
1 Biozitrone
½–1 EL kandierter Ingwer

Außerdem
1 Muffinform mit 12 großen Vertiefungen
Butter für die Form oder Muffin-Papierförmchen

Zubereitungszeit 40 Min.
Backzeit 20–25 Min.

Dieses Rezept finden Sie auf Seite 82/83 abgebildet.

Kokos-Cupcakes à la Véronique mit Mangohäubchen

Zutaten für 6 Stück

Für den Teig

25 ml Kokosöl (Bioladen)
3 Eier
150 g weiche Butter
100 g Puderzucker
ausgekratztes Mark
von ½ Vanilleschote
1 EL Rum
Abrieb von ½ Biolimette
Abrieb von ¼ Bioorange
100 g Mehl
½ TL Backpulver
1 EL Kokosflocken
50 g Zucker
50 g Speisestärke

Für den Guss

1 EL Kokoschips
oder -flocken
240 g Magerquark
20 ml Kokosöl (Bioladen)
60 g Mangopüree (Fertig-
produkt, z. B. von Boiron)
2–3 TL Zucker
Abrieb von 1 Biolimette
Abrieb von 1 Bioorange

Außerdem

6 Baba-/Dariol-Becher-
förmchen (Aluminium)
à 7 cm Durchmesser und
7 cm Höhe oder kleine
ofenfeste Gläser
Butter und Zucker für die
Förmchen

Zubereitungszeit 40 Min.
Backzeit 20–25 Min.

1 Backofen vorheizen auf 200 °C (Umluft 180 °C, Gas Stufe 3–4). Die Förmchen oder Gläser ausbuttern und mit Zucker ausstreuen.

2 Das Kokosöl bei schwacher Hitze erwärmen, aber nicht erhitzen. Die Eier trennen. In einer Schüssel Eigelb, Butter, Puderzucker und Vanillemark hell und cremig aufschlagen. Das Kokosöl unterrühren. Rum, Limetten- und Orangenabrieb unterrühren.

3 Das Mehl mit dem Backpulver in eine zweite Schüssel sieben und mit den Kokosflocken vermischen.

4 Den Zucker mit der Speisestärke vermischen. Das Eiweiß zu Eischnee steif schlagen und dabei die Zucker-Stärke-Mischung löffelweise dazugeben.

5 Die Mehl-Kokos-Mischung unter die Eigelbmasse rühren. Den Eischnee unter den Kokosteig heben.

6 Je ca. 70 Gramm Teig in die Tassen oder Förmchen füllen und im Backofen 20 bis 25 Minuten backen.

7 Für den Guss die Kokoschips oder -flocken mit dem Quark, dem Kokosöl und dem Mangopüree verrühren. Mit Zucker, Limetten- und Orangenabrieb abschmecken. Den Guss 30 Minuten in den Kühlschrank stellen.

8 Die Küchlein abkühlen lassen. Den Guss in einen Gefrierbeutel füllen, eine Spitze oben knapp abschneiden und den Guss auf jedes Küchlein dekorativ aufspritzen.

Mein Tipp Für einen intensiveren Kokosgeschmack die Kokosflocken in einer beschichteten Pfanne ohne Fett rösten. Wer mag, gibt noch etwas frische Mangowürfel unter die Masse und garniert mit Kapuzinerkresseblüten.

Cappuccino-Cupcakes à la Véronique mit Amarettihäubchen

1 Backofen vorheizen auf 190 °C (Umluft 170 °C, Gas Stufe 3). Die ofenfesten Kaffeetassen mit Butter ausstreichen und mit Zucker ausstreuen.

2 Die Kuvertüre grob hacken und in eine Schüssel geben. Die Butter zufügen. Die Schüssel in ein warmes Wasserbad setzen und die Mischung bei niedriger Temperatur schmelzen lassen. Kurz durchrühren.

3 Den Espresso frisch aufbrühen und unter die Kuvertüre-Butter-Mischung rühren. Die Schüssel mit der geschmolzenen Mischung vom Wasserbad nehmen und diese mit dem Kaffeepulver würzen. Abkühlen lassen.

4 Die Eier und den Zucker in einer weiteren Schüssel hellschaumig und cremig aufschlagen. Die Schokoladenmischung unter die Eimasse ziehen. Das Mehl sieben und unter die Masse heben.

5 Die Tassen zu zwei Drittel ihrer Höhe mit dem Schokoladenteig befüllen. Auf einem Backblech in den Backofen stellen und 25 Minuten backen. Herausnehmen und auskühlen lassen.

6 Für die Creme die Amaretti und die Bonbons grob hacken. Beides unter die Crème double mischen. Die Masse mit einem Löffel auf den Küchlein platzieren. Je ein Amaretti daraufsetzen.

7 Zum Servieren den Kuchen auf einen Unterteller setzen und einen Löffel anlegen.

Mein Tipp Statt mit Zucker kann man die Tassen auch mit zerbröselten Amaretti ausstreuen. Wer keine Tassen dafür verwenden will, kann einfach ein Muffinblech benutzen. Mein persönlicher Favorit sind die Teelichthalter aus Glas eines bekannten schwedischen Möbelhauses.

Zutaten für 6 Stück

Für den Teig
180 g Bitterkuvertüre (50 % Kakao)
180 g Butter
2 Tässchen Espresso
¼ TL Kaffeepulver
3 Eier (Größe M)
240 g Zucker
100 g Mehl

Für das Amarettihäubchen
40 g Amaretti (kleine Makronen aus Mandeln und Aprikosenkernen)
6–8 weiche Karamellbonbons (z. B. Durchbeißer von Storck)
200 g Crème double

Zum Dekorieren
6 Amaretti

Außerdem
6 ofenfeste Kaffeetassen
Butter und Zucker für die Tassen

Zubereitungszeit 45 Min.
Backzeit 25 Min.

Birnen-Cupcakes à la Véronique mit Mascarpone und Pinienkernen

Zutaten für 6–8 Stück

Für das Birnenpüree

300 g Birnen (z. B. vollreife rote Williams Christ), geschält ca. 200 g

2 EL Zitronensaft

Abrieb von ½ Biozitrone

2 TL Rohrzucker

1 Zimtstange

1 TL Birnenschnaps

ausgekratztes Mark von ¼ Vanilleschote

Für den Teig

5 Eier

180 g weiche Butter

180 g Zucker

Abrieb von ¼ Biozitrone

1 Prise Salz

250 g Mehl

1 TL Backpulver

100 g vollreife Birne

Für die Häubchen

140 g Mascarpone

100 g Birnenpüree (Schritt 1)

Zitronenabrieb, Vanillemark

3 EL Pinienkerne

3 TL Thymianhonig

Außerdem

6–8 Baba-/Dariol-Becherförmchen à 7 cm Durchmesser und 7 cm Höhe oder Glaskerzenhalter

Butter und Zucker

Zubereitungszeit
1 Std. 30 Min.
Backzeit 25–30 Min.

1 Für das Püree die Birnen schälen, vierteln, entkernen und das Fruchtfleisch klein würfeln. In einen Topf geben und Zitronensaft, Zitronenabrieb, Rohrzucker, Zimtstange, Birnenschnaps und Vanillemark untermischen. 80 bis 100 Milliliter Wasser zufügen und bei schwacher Hitze in 3 bis 4 Minuten weich köcheln lassen. Zimtstange entfernen und alles mit einem Mixstab pürieren.

2 Backofen vorheizen auf 190 °C (Umluft 170 °C, Gas Stufe 3). Die Förmchen mit Butter ausstreichen und mit Zucker auskleiden.

3 Für den Teig die Eier trennen. Die Butter mit 100 Gramm Zucker cremig aufschlagen. Den Zitronenabrieb unterrühren. Nach und nach unter Rühren das Eigelb zugeben. Das Eiweiß mit 1 Prise Salz zu Eischnee steif schlagen und die restlichen 80 Gramm Zucker unterrühren. Das Mehl mit dem Backpulver sieben. Im Wechsel Eischnee und Mehl locker unter die Teigmasse heben.

4 Das Birnenstück auf einer Gemüsereibe grob reiben und unter den Teig geben. Die Förmchen zu drei Viertel ihrer Höhe mit Teig füllen. Die Küchlein ca. 25 Minuten backen. Abkühlen lassen.

5 Für die Häubchen Mascarpone und Birnenpüree verrühren. Mit etwas Zitronenabrieb und 1 Prise Vanillemark abschmecken. Die Masse in einen kleinen Gefrierbeutel füllen, eine kleine Ecke abschneiden und die Creme auf die Küchlein dressieren.

6 Eine Pfanne ohne Fett erhitzen und die Pinienkerne darin hell anrösten. Honig zufügen, kurz flüssig werden lassen und mit einem Löffel gleichmäßig auf den Häubchen verteilen.

Mein Tipp Für das Birnenpüree ist es wichtig, aromatische Birnen zu verwenden. Wenn es schnell gehen soll, können Sie auch fertig gekauftes Birnenpüree verwenden und es gut würzen.

Nussküchlein mit Karamell

1 Backofen vorheizen auf 200 °C (Umluft 180 °C, Gas Stufe 3–4). Die Förmchen mit Butter ausstreichen und mit Zucker auskleiden.

2 Eine Pfanne ohne Fett erhitzen und darin Haselnüsse, Mandeln und Walnüsse hell anrösten. Beiseite stellen.

3 Das Mehl mit dem Backpulver sieben. In einer Schüssel die Butter mit dem Zucker, 1 Prise Salz und dem Limettenabrieb schaumig schlagen. Abwechselnd und portionsweise die Eier, das Mehl und die Nussmischung unter die Buttermasse rühren. Den Teig in die Förmchen füllen und 20 bis 25 Minuten backen. Die Küchlein auskühlen lassen und aus der Form nehmen.

4 Für den Karamell in einer gusseisernen Pfanne (kein Teflon) 200 Gramm Zucker mit 500 Millilitern Wasser aufkochen und karamellisieren lassen. Dabei die Hitzezufuhr ausschalten, sobald der Zucker anfängt, bräunlich zu werden. Pro Küchlein 1 bis 2 Esslöffel von dem flüssigen Karamell über das Gebäck gießen.

5 Für die karamellisierten Walnüsse weitere 100 Gramm Zucker mit 150 Milliliter Wasser in der Pfanne karamellisieren. Die Walnusshälften in den heißen Karamell geben und darin mehrmals wenden. Die Nüsse auf einem Backpapier auskühlen lassen. Mit einem weiteren Backpapier bedecken und mit einem Nudelholz in Stücke klopfen. Auf das noch weiche Gebäck streuen.

Mein Tipp Als Variante können Sie die Küchlein von unten bis zur Hälfte in Kuvertüre tauchen und mit Walnusskaramell bestreuen. Diese Küchlein schmecken frisch zubereitet am besten.

Zutaten für 6–8 Stück

Für den Teig
30 g gemahlene Haselnüsse
30 g gemahlene Mandeln
30 g gehackte Walnüsse
320 g Mehl
½ TL Backpulver
360 g weiche Butter
360 g Zucker
1 Prise Salz
Abrieb von 1 Biolimette
5 Eier (Größe M)

Für den Karamell
200 g Zucker

Für die karamellisierten Walnüsse
100 g Zucker
2–3 EL Walnusshälften

Außerdem
6–8 Baba-/Dariol-Becherförmchen (Aluminium) à 7 cm Durchmesser und 7 cm Höhe
Butter und Zucker für die Förmchen

Zubereitungszeit 45 Min.
Backzeit 20–25 Min.

Loveletters
mit dreierlei Füllung

Zutaten für 40 Stück

1 Packung Filoteig
(Fertigprodukt aus
der Kühltheke)

1 Ei zum Bestreichen

**Für die erste Füllung
(13 Stück)**

45 g Bitterkuvertüre
(55 % Kakaoanteil)

80 g Butter

**Für die zweite Füllung
(14 Stück)**

150 g Mandelblättchen

7 TL flüssiger Orangen-
blütenhonig

80 g Butter

**Für die dritte Füllung
(13 Stück)**

140 g Fruchtaufstrich
(z. B. Kirsch oder Aprikose)

65 g Marzipanrohmasse

Außerdem

Backpapier

1 Vorlage aus Papier oder
Pappe à 12 x 12 Zentimeter

1 kleiner Herzausstecher

3 Pinsel

**Zubereitungszeit 25 Min.
Backzeit 4–9 Min.**

1 Für die erste Füllung die Kuvertüre fein raspeln. Die Butter für die Füllungen 1 und 2 in einem kleinen Topf schmelzen lassen. Für die dritte Füllung den Fruchtaufstrich mit dem Marzipan verkneten.

2 Filoteigblätter aus der Packung nehmen und in ein feuchtes Tuch einrollen. Jeweils immer nur ein Teigblatt entnehmen und schnell verarbeiten, denn Filoteig trocknet schnell aus.

3 Backofen vorheizen auf 180 °C (Umluft 160 °C, Gas Stufe 2-3). Zwei Backbleche mit Backpapier auslegen. Das Ei verquirlen.

4 Um die Briefe zu formen, ein Teigblatt auf ein feuchtes Tuch legen und darauf die Schablone platzieren. Mit einem spitzen Messer vier Quadrate ausschneiden. Die abgeschnittenen Ränder doppelt legen und daraus die Herzen für die Verschlüsse ausstechen.

5 Für die ersten Briefe die Teigquadrate dünn mit Butter einpinseln. Die Kuvertüre in dünner Schicht aufstreuen. Die gegenüberliegenden Ecken zu einem Kuvert zusammenklappen. Die Oberfläche des Briefes dünn mit dem verquirlten Eigelb bestreichen, in die Mitte ein Herz setzen und ebenfalls dünn bepinseln.

6 Für die zweiten Briefe die Teigquadrate mit flüssiger Butter dünn einpinseln. Darauf jeweils ca. 7 Mandelblättchen streuen. Jeweils einen halben Teelöffel Honig in feinen Linien über die Quadrate verteilen. Verschließen, mit Ei bestreichen und dekorieren wie in Schritt 5 beschrieben.

7 Für die dritten Briefe den Teig ganz dünn mit der Mischung aus Fruchtaufstrich und Marzipan einpinseln. Ebenso fertigstellen.

8 Die Schokoladen- und Honigbriefe zusammen auf ein Backblech legen und im Backofen in 4 bis 5 Minuten goldgelb backen. Die anderen Briefe auf das zweite Backblech legen und in 8 bis 9 Minuten goldgelb backen.

Strudelherzen mit Kokos-Heidelbeeren

1 Die Heidelbeeren abbrausen und in einem Sieb abtropfen lassen. Eine beschichtete Pfanne ohne Fett erhitzen und die Kokosflocken darin anrösten.

2 Die Menge an Puddingpulver halbieren. Eine Hälfte mit 4 Esslöffel Zucker und 4 Esslöffel Milch glatt rühren. Die restliche Milch zum Kochen bringen, das angerührte Pulver einrühren und alles einmal aufkochen lassen. Lauwarm abkühlen lassen.

3 Das restliche Puddingpulver sieben und mit Magerquark, den gerösteten Kokosflocken und das Eigelb unter den Pudding rühren. Die Creme mit Orangenabrieb und -saft würzen. Die Heidelbeeren unterheben.

4 Backofen vorheizen auf 200 °C (Umluft 180 °C, Gas Stufe 3–4). Ein Backblech mit Backpapier auslegen. Das Eigelb mit der Sahne verquirlen und zum Bestreichen der Teilchen griffbereit stellen.

5 Den Blätterteig auf einer bemehlten Fläche dünn ausrollen. Mit dem Ausstecher 16 bis 20 Herzen ausstechen; je zwei bilden ein Gebäckstück. Die Kontur des jeweils unteren Herzens mit Eigelbsahne bepinseln. In die Herzmitte 1 bis 2 Esslöffel Füllung (ca. 40 Gramm) platzieren. Das zweite Herzstück darauflegen und mit einer Gabel die Ränder rundum gut zusammendrücken.

6 Die gefüllten Herzen auf das Backblech legen und ca. 10 Minuten backen. Auf einem Kuchengitter abkühlen lassen und nach Wunsch mit etwas Puderzucker bestäuben.

Mein Tipp Anstatt Herzen können Sie natürlich auch Kreise oder Rechtecke ausstechen.

Für 8–10 Stücke

Für die Füllung
150 g Heidelbeeren
2 EL Kokosflocken
1 Päckchen Vanillepuddingpulver (40 g)
4–5 EL Zucker
¼ l Milch
100 g Magerquark
1 Eigelb
Abrieb von ½ Bioorange
1 EL frisch gepresster Orangensaft

Für den Teig
1 Paket Blätterteigrolle (275 g, aus dem Kühlregal)

Zum Bestreichen
1 Eigelb
1 EL Sahne

Außerdem
Backpapier
Ausstecher in Herzform
Mehl für die Arbeitsfläche
Puderzucker zum Bestäuben

Zubereitungszeit 40 Min.
Backzeit 10 Min.

Blätterteigquadrate mit gespickten Äpfeldreiecken

Zutaten für 6 Quadrate

Für den Teig

1 Paket Blätterteig mit
6 rechteckigen Scheiben
(450 g, Tiefkühlprodukt)
1 Eigelb zum Bestreichen

Für die Füllung

12–14 Rosmarinnadeln
1 Apfel (125 g)
10 g Vanillepuddingpulver
250 g Topfen (Magerquark)
25 g Zucker
1 Eigelb
1 EL Honig
Abrieb von ¼ Biozitrone

Für die Garnitur

4 kleine Äpfel (Bioware)
4–6 EL Aprikosen-
fruchtaufstrich
gehackte Pistazien
zum Bestreuen

Außerdem

Backpapier
1 Pinsel

Zubereitungszeit 40 Min.
Backzeit 13 Min.

1   Backofen vorheizen auf 200 °C (Umluft 180 °C, Gas Stufe 3–4). Ein Backblech mit Backpapier auslegen.

2   Die Blätterteigscheiben nach Packungsanweisung auftauen. Zwölf Quadrate im Maß 7 x 7 Zentimeter ausschneiden und bei sechs von den zwölf Quadraten mittig und innen ein weiteres Quadrat von 6 x 6 Zentimetern herausschneiden.

3   Jeweils das großflächige Quadrat auf das Backpapier legen, die Ränder mit Eigelb einstreichen und die Fläche mehrmals mit einer Gabel einstechen. Darauf passend ein ausgeschnittenes Quadrat legen und ebenfalls mit Eigelb bestreichen. Das Backblech in den Backofen schieben und den Teig ca. 8 Minuten backen.

4   Inzwischen für die Füllung die Rosmarinnadeln ganz fein hacken. Den Apfel schälen, vierteln, entkernen und grob in eine Schüssel raspeln. Das Puddingpulver dazusieben, Rosmarin, Quark, Zucker und Eigelb dazugeben und alles miteinander vermischen. Den Quark mit Honig und Zitronenabrieb würzen.

5   Für die Garnitur die Äpfel waschen, halbieren, vierteln und in gleichmäßige Dreiecke schneiden.

6   Die Quarkfüllung auf alle sechs Teilchen verteilen. Die Apfeldreiecke wie Fischschuppen in die Füllung stecken. Die Teilchen für weitere 5 Minuten in den Backofen schieben. Herausholen und abkühlen lassen.

7   Den Aprikosenfruchtaufstrich erwärmen und die Apfelstücke damit einpinseln. Mit gehackten Pistazien dekorieren.

Mein Tipp Die fertigen Gebäckstücke können auch mit Apfelgelee glasiert werden. Anstatt Pistazien können auch gehackte Walnüsse als Garnitur aufgestreut werden.

Blätterteigringe mit Mascarpone und Kapstachelbeeren

Zutaten für 6 Ringe

Für den Teig
1 Paket Blätterteig mit
6 rechteckigen Scheiben
(450 g, Tiefkühlprodukt)

Zum Bestreichen
6–8 EL Aprikosen-
fruchtaufstrich

Für die Füllung
300 g Mascarpone
ausgekratztes Mark von
1 Vanilleschote
30 g Puderzucker
Abrieb von ½ Bioorange
75 g Kapstachelbeeren
(Physalis; ca. 15 Stück)

Außerdem
Backpapier

Zubereitungszeit 45 Min.
Backzeit 8–10 Min.

1   Backofen vorheizen auf 200 °C (Umluft 180 °C, Gas Stufe 3–4). Ein Backblech mit Backpapier auslegen.

2   Die Blätterteigscheiben nach Packungsanweisung auftauen lassen. 12 Ringe mit einem Außendurchmesser von 7,5 Zentimeter und mit einem Innendurchmesser von 4,5 Zentimeter ausstechen. Die Ringe auf das Backblech legen und mehrmals mit einer Gabel einstechen. Das Blech in den Backofen schieben und die Ringe 8 bis 10 Minuten backen. Auf einem Kuchenblech beiseite stellen und abkühlen lassen.

3   Aprikosenfruchtaufstrich erhitzen und durch ein Sieb streichen. Die Blätterteigringe damit bepinseln und trocknen lassen.

4   Für die Füllung den Mascarpone und das Vanillemark in eine Schüssel geben. Den Puderzucker dazusieben und alles mit den Quirlen eines Mixers auf Stufe 1 verrühren. Mit Orangenabrieb abschmecken.

5   Von den Kapstachelbeeren (Physalis) 6 Stück mit Blättern für die Dekoration beiseite stellen. Die restlichen Beeren von ihren Blättern trennen und waschen. Die Früchte in kleine Würfel schneiden und unter die Mascarponemasse rühren. In einen Spritzbeutel mit Lochtülle füllen und die Füllung rundum auf die Hälfte der Ringe spritzen. Darauf einen zweiten Ring setzen. Obenauf einen kleinen Tupfen der Mascarponemasse spritzen und darauf eine Kapstachelbeere stecken.

Mein Tipp Wenn Sie keinen Spritzbeutel zur Hand haben, können Sie auch einen Gefrierbeutel füllen und davon eine Spitze ganz knapp abschneiden.

Gefüllte Riegel mit Frischkäse und sommerlichen Beeren

1   Backofen vorheizen auf 200 °C (Umluft 180 °C, Gas Stufe 3–4). Ein Backblech mit Backpapier auslegen.

2   Die Blätterteigscheiben nach Packungsanweisung auftauen lassen. Aus den Scheiben 6 Rechtecke mit den Maßen 15 x 4 Zentimeter schneiden. Die Rechtecke auf das Backblech legen. Die Oberfläche mit Eigelb bestreichen.

3   Das Backblech in den Backofen schieben und den Teig 8 bis 10 Minuten backen. Auf einem Kuchenblech beiseite stellen und abkühlen lassen.

4   Die Beeren verlesen, in ein Sieb geben und kurz mit kaltem Wasser abbrausen. Gut abtropfen lassen. 6 schöne Beeren zur Seite nehmen.

5   Für die Füllung Frischkäse, Zucker und Vanillemark miteinander verrühren. Die Beeren unterheben. Die Zitronenmelisseblätter waschen, trockentupfen, in feine Streifchen schneiden und unter die Masse rühren.

6   Die gebackenen Blätterteigstreifen mittig durchschneiden. Jeweils auf die untere Blätterteighälfte die Füllung verteilen. Den Deckel obenauf setzen. Einen Klecks Füllung oben auf die Riegel platzieren. Je eine der beiseite gelegten Beeren daraufsetzen und die Schnitten mit Puderzucker bestäuben.

Zutaten für 6 Riegel

Für den Teig
1 Paket Blätterteig mit rechteckigen Scheiben (450 g; Tiefkühlprodukt)
1 Eigelb

Für die Füllung
160 g gemischte Beeren (z. B. Johannisbeeren, Heidelbeeren, Himbeeren, Brombeeren)
400 g körniger Frischkäse
30 g Zucker
ausgekratztes Mark von 1 Vanilleschote
30 sehr kleine oder 3–4 große Blätter Zitronenmelisse

Außerdem
Backpapier
Puderzucker zum Bestäuben

Zubereitungszeit 30 Min.
Backzeit 8–10 Min.

Engelshaarkringel

1   Eine Pfanne ohne Fett erhitzen und darin die Walnüsse hell anrösten. Walnüsse, Pekannüsse, Mandeln, Pistazien, Hagelzucker und Zimt in einem Suppenteller vermischen.

2   Backofen vorheizen auf 190 °C (Umluft 170 °C, Gas Stufe 3). Ein Backblech mit Backpapier auslegen. Den Kataifiteig auftauen, und falls eine neue Packung mit 450 Gramm angebrochen wird, den Rest wieder einfrieren.

3   Den Puderzucker sieben. Das Eiweiß mit dem Puderzucker verquirlen, es soll kein fester Eischnee werden, sondern eher flüssig bleiben, damit man mit ihm die Gebäcke gut einpinseln kann.

4   Von dem Kataifiteig ein ca. 10 Zentimeter langes und 2 Zentimeter dickes Teigstück abmessen und zu einem runden Kringel formen. Die Kringel auf das Backblech legen, mit der Eiweißglasur bepinseln und im Backofen 10 Minuten backen.

5   In der Zwischenzeit den Schwarzkirschfruchtaufstrich erwärmen. Die abgekühlten Kringel von unten mit Konfitüre bestreichen und in die Nussmischung drücken. Auf einem Kuchengitter trocknen lassen. Mit Hagelzucker oder Puderzucker bestreuen.

Mein Tipp *Dies ist nicht nur mein Geheimtipp für spontane Kaffeekränzchen, sondern auch eine besondere Idee für essbaren Weihnachtsschmuck. Kataifi ist ein fettfreier, geschmacksneutraler Teig, der zu feinen Fäden geformt wird. In der griechischen Küche dient er der Zubereitung von süßen und herzhaften Speisen. In Italien dekoriert man damit Süßigkeiten oder formt daraus Nester, die dann gefüllt werden können.*

Zutaten für 6–8 Kringel
10 g gemahlene Walnüsse
10 g gemahlene Pekannüsse
10 g gemahlene Mandeln
10 g gemahlene Pistazien
10 g Hagelzucker
1 Messerspitze Zimtpulver
150 g Kataifi-Teig (Tiefkühlprodukt)
10 g Puderzucker
1 Eiweiß
60 g Schwarzkirschfruchtaufstrich

Außerdem
Backpapier
1 Pinsel
Hagel- oder Puderzucker zum Bestreuen

Zubereitungszeit 30 Min.
Backzeit 10 Min.

Torteletts
mit Limettencreme und Erdbeeren

Zutaten für 6 Torteletts

Für den Teig
140 g Mehl
100 g Butter
10 g Zucker
1 Eigelb

Für die Creme
1 Limette
1 Ei
1 Eigelb
20 g Butter
Abrieb von 1 Biolimette oder
Kaffirlimette
70 g Puderzucker
100 g Mascarpone

Für den Belag
350 g Erdbeeren
Puderzucker zum Bestäuben

Außerdem
Frischhaltefolie
6 Tortelettformen
à 10 cm Durchmesser
Butter und Zucker
für die Formen

Zubereitungszeit 30 Min.
Ruhezeit 1 Std. 50 Min.
Backzeit 15 Min.

1 Für die Böden der Torteletts das Mehl auf eine Arbeitsfläche sieben und die Butter in Stücken, den Zucker und das Eigelb zugeben. Schnell zu einem glatten Teig verkneten. Den Teig zu einem Rechteck formen, in Frischhaltefolie wickeln und 1 Stunde 30 Minuten in den Kühlschrank stellen.

2 Backofen vorheizen auf 180 °C (Umluft 160 °C, Gas Stufe 2–3). Die Tortelettformen ausbuttern und mit Zucker ausstreuen.

3 Den Teig rasch auf ca. 4 Millimeter ausrollen und etwas überlappend in die Förmchen einlegen. Mit einem Nudelholz über die Formen rollen, um die Kanten zu begradigen. Den Teig mit einer Gabel mehrmals einstechen. Die Förmchen in den Backofen stellen und den Teig 15 Minuten backen, die Torteletts sollen eine schöne hellgoldbraune Farbe bekommen.

4 Für die Creme den Saft der Limette auspressen. Das Ei mit dem Eigelb verquirlen. Butter, Limettensaft, Limettenabrieb und Puderzucker in einen Topf geben und unter Rühren aufkochen lassen. Den Topf von der Kochstelle nehmen und das verquirlte Ei einrühren. Den Topf erneut auf die Kochstelle stellen und bei schwacher Hitze weiterrühren, bis die Konsistenz der Creme sämig-stockend ist. Das dauert einen Moment. Die Creme zunächst etwas abkühlen lassen und dann für 20 Minuten in den Kühlschrank stellen.

5 Den Mascarpone unter die Limettencreme rühren. Die Creme auf den Törtchen verteilen. Die Erdbeeren putzen und je nach Größe in Scheiben schneiden oder nur halbieren. Fächerförmig auflegen und mit etwas Puderzucker bestäuben.

Mein Tipp Es passen auch andere Beeren gut auf die Creme, z. B. Himbeeren oder grüne Stachelbeeren.

Kolatschen mit Johannisbeeren

Zutaten für ca. 13 Stück

Für den Teig
1 Würfel frische Hefe (40 g)
200 ml Milch
500 g Wiener Griessler
80 g Butter
60 g Zucker
1 Ei
1 Prise Salz

Für die Füllung
120 g rote Johannisbeeren
60 g schwarze
Johannisbeeren
1 Päckchen Mandel-
puddingpulver (40 g)
5-6 EL brauner Zucker
¼ l Milch
100 g Magerquark
1 Eigelb
Abrieb von 1 Biolimette
Saft von ½ Limette

Zum Bestreichen
1 Eigelb
1 EL Sahne

Außerdem
Backpapier
5-6 EL Aprikosen-
fruchtaufstrich
Puderzucker zum Bestäuben

Zubereitungszeit 45 Min.
Ruhezeit 1 Std. 30 Min.
Backzeit 10 Min.

1 Für den Teig die Hefe in der Milch auflösen. Das Mehl sieben, Butter, Zucker, Ei, Salz und die Hefemilch zufügen. Alles zu einem glatten Teig verkneten. Abdecken, bei 30 °C in den leicht geöffneten Backofen stellen und 1 Stunde 30 Minuten gehen lassen.

2 Für die Füllung die Johannisbeeren waschen und abtropfen lassen. Mit einer Gabel die Beeren von den Rispen trennen. Das Puddingpulver halbieren. Eine Hälfte mit 4 Esslöffel Zucker und 4 Esslöffel Milch glatt rühren. Die restliche Milch zum Kochen bringen, das angerührte Pulver einrühren und einmal aufkochen lassen. Lauwarm abkühlen lassen.

3 Das restliche Puddingpulver sieben und mit Magerquark und Eigelb unter den lauwarmen Pudding rühren. Die Creme mit dem restlichen Zucker, dem Limettenabrieb und dem Limettensaft würzen. Die Johannisbeeren unterheben.

4 Backofen vorheizen auf 200 °C (Umluft 180 °C, Gas Stufe 3–4). Ein Backblech mit Backpapier auslegen. Zum Bestreichen das Eigelb mit der Sahne verquirlen.

5 Den Teig erneut durchkneten, eine Rolle formen und Scheiben von ca. 60 Gramm abschneiden. Diese jeweils von innen nach außen zu dünnen, runden Talern von 10 bis 12 Zentimeter Durchmesser mit einem kleinen Rand drücken und auf das Backblech setzen. Die Teigböden im inneren Kreis mehrmals mit einer Gabel einstechen. Den Rand mit der Eigelb-Sahne-Mischung bestreichen. Jeweils 2 Esslöffel Füllung hineinsetzen. Erneut kurz gehen lassen.

6 Die Kolatschen im Backofen 10 Minuten backen.

7 Den Aprikosenfruchtaufstrich etwas erwärmen und durch ein Sieb streichen. Die Kolatschen etwas abkühlen lassen und mit dem Aufstrich bestreichen. Etwas Puderzucker darüber streuen.

Zwetschgentorteletts

1 Für die Streusel in einer Schüssel Butter, Zucker, Vanillezucker, Zimt, Zitronenabrieb und Mehl mit den Händen grob miteinander verkrümeln. Die Schüssel abdecken und für 50 Minuten in den Kühlschrank stellen.

2 Backofen vorheizen auf 180 °C (Umluft 160 °C, Gas Stufe 2–3).

3 Für die Creme das Marzipan in Stücke schneiden und in eine Schüssel geben. Die weiche Butter und den Zucker dazugeben und alles mit den Quirlen eines Handrührgeräts schaumig rühren. Das Pflaumenmus und den Rum untermischen.

4 Die Tortelettförmchen mit Butter ausstreichen. Den Blätterteig passend in die Form einlegen und die Ränder abschneiden. Den Boden mehrmals mit einer Gabel einstechen. Auf die Böden ein Blatt Backpapier legen und dieses mit Hülsenfrüchten beschweren. In den Backofen schieben und für 8 bis 10 Minuten backen.

5 Die Förmchen aus dem Backofen holen. Die Hülsenfrüchte und das Backpapier entfernen. Auf die noch warmen Böden jeweils ca. 1 Teelöffel Pflaumencreme verstreichen.

6 Die Pflaumen waschen, vierteln, entkernen und versetzt ziegelförmig auf den Boden stellen.

7 Die Streusel aus dem Kühlschrank nehmen und kurz grob durchmischen. Die Mischung auf alle Torteletts verteilen.

8 Die Törtchen für ca. weitere 20 Minuten in den Backofen schieben. Herausnehmen und leicht abkühlen lassen.

Mein Tipp Die feinen Zwetschgentorteletts serviere ich gerne als Dessert und zwar in Begleitung einer Bayerischen Creme.

Zutaten für 6 Stück

Für die Streusel
30 g kalte Butter
20 g Zucker
1 Päckchen Bourbon-Vanillezucker
1 Prise Zimtpulver
Abrieb von ½ Biozitrone
50 g Mehl

Für die Creme
20 g Marzipanrohmasse
40 g weiche Butter
20 g feiner Backzucker
30 g Powidl (Pflaumenmus)
1 TL Rum

Für den Teig
1 Paket Blätterteigrolle (275 g, aus dem Kühlregal)

Außerdem
6 Tortelettförmchen à 10 cm Durchmesser
Butter für die Förmchen
Backpapier und Hülsenfrüchte zum Blindbacken
3–4 Pflaumen à 100 g

Zubereitungszeit 40 Min.
Ruhezeit 50 Min.
Backzeit 30 Min.

Rosinenköpfchen

Zutaten für 30–35 Stück
80 g Rosinen
200 g weiche Butter
120 g brauner Zucker
Abrieb von 1 Biozitrone
4 Eigelb
300 g Mehl
130 g Dinkelvollkorngrieß

Außerdem
Frischhaltefolie
Backpapier
Papiermanschetten

Zubereitungszeit 20 Min.
Ruhezeit 30 Min.
Backzeit 15 Min.

1 Die Rosinen klein hacken und beiseite stellen. In einer Schüssel die Butter mit dem Zucker und dem Zitronenabrieb cremig rühren. Nach und nach das Eigelb unter Rühren dazugeben.

2 Das Mehl mit dem Dinkelgrieß vermischen und zu der Buttermischung geben. Die Rosinen zufügen. Alles mit den Händen gut verkneten. Den Teig zu einer Kugel formen, in Frischhaltefolie wickeln und für 30 Minuten in den Kühlschrank stellen.

3 Backofen vorheizen auf 200 °C (Umluft 180 °C, Gas Stufe 3–4). Ein Backblech mit Backpapier auslegen.

4 Den Teig nochmals gut durchkneten und daraus kleine Kugeln à 18 bis 20 Gramm formen. Die Kugeln auf das Backblech setzen und im Backofen 12 bis 15 Minuten backen, bis sie oben leicht gebräunt sind.

5 Die Rosinenköpfchen vom Backblech nehmen und abkühlen lassen, anschließend in einer Dose verwahren. Zum Servieren in Papiermanschetten setzen.

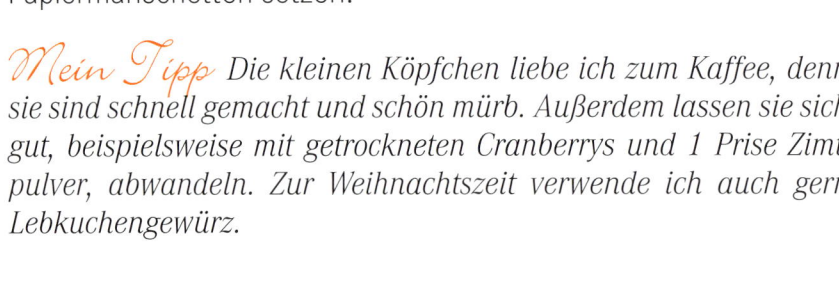

Mein Tipp Die kleinen Köpfchen liebe ich zum Kaffee, denn sie sind schnell gemacht und schön mürb. Außerdem lassen sie sich gut, beispielsweise mit getrockneten Cranberrys und 1 Prise Zimtpulver, abwandeln. Zur Weihnachtszeit verwende ich auch gern Lebkuchengewürz.

Orientalische Zigarillos

1   Das Marzipan auf einer Küchenreibe in eine Schüssel fein raspeln. Datteln und Feigen fein hacken und zum Marzipan geben. Pistaziengrieß, Honig und Zitronenabrieb zufügen. Die Zutaten mit einer Gabel zu einer feinen Paste verkneten.

2   Backofen vorheizen auf 200 °C (Umluft 180 °C, Gas Stufe 3–4). Ein Backblech mit Backpapier auslegen. Das Eiweiß verquirlen.

3   Die Filoteigblätter nacheinander auf ein feuchtes Geschirrtuch legen und dünn mit etwas Eiweiß bestreichen. Jeweils auf den unteren Rand des Teigblattes ca. 20 Gramm der Füllung dünn aufstreichen. Jedes Teigblatt von unten nach oben mithilfe des Küchentuches locker zusammenrollen, sodass eine ca. 1 Zentimeter dicke Stange entsteht.

4   Die Stangen auf das Backblech legen. Die Oberflächen mit Eiweiß bestreichen. Das Backblech in den Backofen schieben und die Stangen ca. 10 Minuten backen, bis sie eine goldgelbe Farbe angenommen haben.

Mein Tipp *Die Stangen schmecken kalt oder warm. Manchmal veredle ich sie, indem ich eine Spitze in Kuvertüre tauche und mit Sesam bestreue. Der ursprünglich aus Griechenland stammende Filoteig wird aus Weizenmehl, Öl, Salz und etwas Wasser hergestellt. Er eignet sich auf ideale Weise für die Herstellung von feinen Backwaren. Allerdings trocknet er schnell aus, deshalb sollten Sie ihn unter einem feuchten Tuch halten und die Blätter nacheinander entnehmen.*

Zutaten für 12 Stangen

Für die Füllung
40 g Marzipanrohmasse
40 g getrocknete Datteln
40 g Softfeigen
20 g Pistaziengrieß
2 TL Honig
Abrieb von 1 Biozitrone

Für den Teig
1 Packung Filoteig

Zum Bestreichen
1–2 Eiweiß

Außerdem
Backpapier
1 Geschirrtuch

Zubereitungszeit 50 Min.
Backzeit 10 Min.

Zu Weihnachten

Erinnerungen werden wach, wenn zur Weihnachtszeit der Duft aus der Backstube die Sinne betört. Es geht doch nichts über selbstgebackene Plätzchen, Kekse und das bei Jung und Alt beliebte Lebkuchenhaus.

Mohnkringel mit Zitronenguss

**Zutaten für ca. 50 Kringel
à 4,5 cm Durchmesser**
50 g Marzipanrohmasse
200 g weiche Butter
70 g Puderzucker
1 Päckchen Bourbon-
Vanillezucker
Abrieb von ½ Bioorange
Abrieb von ¾ Biozitrone
1 Eiweiß
170 g Mehl
50 g Mohn (Dampfmohn)

Für den Zitronenguss
150 g Puderzucker
Abrieb von ¼ Biozitrone
4-6 EL Zitronensaft

Außerdem
Backpapier

Zubereitungszeit 1 Std.
Ruhezeit 1 Std.
Backzeit 10-12 Min.

*Dieses Rezept finden Sie auf
Seite 110/111 abgebildet.*

1 Marzipan klein stückeln und in eine Schüssel geben. Die Butter zufügen und mit den Quirlen eines Handrührgeräts zu einer glatten Masse verarbeiten. Puderzucker daraufsieben. Vanillezucker, Orangen- und Zitronenabrieb dazugeben, gut miteinander verrühren. Das Eiweiß zu Eischnee steif schlagen und zufügen. Das Mehl auf die Masse sieben und unterheben. Zuletzt den Mohn unterarbeiten. Den Teig abdecken. 1 Stunde in den Kühlschrank stellen.

2 Backofen vorheizen auf 180 °C (Umluft 160 °C, Gas Stufe 2–3). Ein Backblech mit Backpapier auslegen.

3 Den Teig portionsweise in einen Spritzbeutel mit Sterntülle (7 mm Durchmesser) einfüllen und Kringel auf das Backpapier spritzen. Das Backblech für ca. 5 Minuten in den Kühlschrank geben und dann direkt in den Backofen stellen. Die Kringel 10 bis 12 Minuten backen.

4 Die Mohnkringel vorsichtig mit einer Palette vom Backblech nehmen und zum Auskühlen auf ein Kuchengitter legen.

5 Für den Zitronenguss den Puderzucker in eine Schale sieben, Zitronenabrieb und zunächst nur 4 Esslöffel Zitronensaft zufügen. Mit einem Schneebesen verrühren, bei Bedarf noch etwas Zitronensaft zufügen; es soll ein zähflüssiger Guss entstehen. In einen Gefrierbeutel füllen, an einer Ecke eine kleine Spitze abschneiden und dünne Streifen Glasur über die Kringel ziehen.

6 Die Kringel entweder sofort frisch genießen oder in einer Blechdose aufbewahren und zwar so, dass zwischen den einzelnen Lagen je ein Blatt Backpapier gelegt wird.

Mein Tipp *Natürlich können die Plätzchen auch in S-Form oder U-Form gespritzt werden. Mit feinen Minisilberperlen lassen sich die Plätzchen hübsch verzieren.*

Meine Hausfreunde

1 Den Ingwer schälen und in eine kleine Schüssel geben. Rosinen, Orangenscheibe, Sternanis, Zimtstange und Nelken dazugeben und mit dem Rotwein begießen. Die Schüssel mit Frischhaltefolie abdecken und die Rosinen über Nacht marinieren.

2 Am nächsten Tag den Backofen vorheizen auf 180 °C (Umluft 160 °C, Gas Stufe 2–3). Ein Backblech mit Backpapier auslegen.

3 Für den Teig das Mehl sieben und mit Backpulver, Vanillezucker, Nelkenpulver und Zimtpulver mischen. Das Zitronat fein hacken. Die Kuvertüre in nicht zu grobe Stücke hacken.

4 In einer Schüssel die Eier mit dem Rohrzucker ca. 3 Minuten hellschaumig aufschlagen; durch das Aufschlagen bekommt die Masse das doppelte Volumen. Mit einem Teigspatel erst die Nüsse und Mandeln, dann die Kuvertüre unterheben. Zum Schluss das Mehl und die Rosinen unter die Masse heben.

5 Die kompakte Masse gleichmäßig auf das Backpapier streichen und 20 bis 25 Minuten backen, bis sie Farbe angenommen hat, in der Konsistenz aber noch weich ist.

6 Den Teig vom Backblech nehmen und noch heiß in Streifen von 5 Zentimeter Länge schneiden.

Mein Tipp *Die Nussstreifen nach dem Abkühlen in Blechdosen aufbewahren. Ich mag dieses Gebäck auch außerhalb der Weihnachtszeit. Gern serviere ich die Schnitten Freunden zu einem Glas Rotwein, dann mariniere ich die Rosinen allerdings nicht.*

Zutaten für 1 Backblech

Für die marinierten Rosinen
1 Scheibe Ingwer
150 g Rosinen
1 Scheibe Bioorange (1 cm dick)
1 Sternanis
1 kleine Zimtstange
2 Nelken
150 ml Rotwein

Für den Teig
400 g Mehl
1 Päckchen Backpulver
1 EL Bourbon-Vanillezucker
½ TL Nelkenpulver
½ TL Zimtpulver
1 EL (ca. 20 g) Zitronat
120 g Zartbitterkuvertüre (50 % Kakao)
4 Eier
280 g Rohrzucker
80 g gemahlene Haselnüsse
60 g gehackte Walnüsse
60 g gestiftete Mandeln

Außerdem
Frischhaltefolie
Backpapier

Zubereitungszeit 40 Min.
Marinierzeit über Nacht
Backzeit 20–25 Min.

Marzipan-Walnuss-Kekse in Schildkrötenform

Für den Teig

175 g Mehl
75 g Speisestärke
165 g Butter
60 g Zucker
1 Päckchen Bourbon-Vanillezucker
1 Ei

Für den Belag

200 g Honigmarzipan (Bioladen)
225 g Kirschfruchtaufstrich
150 g Bitterkuvertüre (55 % Kakao)
200 g frische Walnusshälften

Außerdem

Backpapier
Mehl für die Arbeitsfläche
Puderzucker für die Arbeitsfläche
Ausstecher in Schildkrötenform

Zubereitungszeit
1 Std. 30 Min.
Ruhezeit 20 Min.
Backzeit 5-8 Min.

1   Backofen vorheizen auf 220 °C (Umluft 200 °C, Gas Stufe 4–5). Ein Backblech mit Backpapier auslegen.

2   Das Mehl und die Speisestärke auf eine Arbeitsfläche sieben. Die Butter in Stücken, den Zucker, den Vanillezucker und das Ei dazugeben. Alles zu einem glatten Teig kneten. Den Teig zu einem flachen Rechteck formen, in Frischhaltefolie einwickeln und für 20 Minuten in den Kühlschrank stellen.

3   Die Arbeitsfläche sowie ein Nudelholz mit etwas Mehl bestäuben und den Teig dünn ausrollen. Mit einem Ausstecher in Schildkrötenform (oder mit einem kreisförmigen Ausstecher) Kekse von ca. 3 Zentimeter Größe ausstechen.

4   Die Teigstücke auf das Backblech legen und 5 bis 8 Minuten goldgelb backen. Die Kekse aus dem Backofen holen und auf einem Kuchengitter auskühlen lassen.

5   Die Arbeitsfläche mit etwas Puderzucker bestäuben, darauf das Honigmarzipan ebenfalls dünn ausrollen und in der gleichen Größe wie die Kekse ausstechen.

6   Den Kirschfruchtaufstrich in einem Topf erhitzen und die Teigkekse mit dem Fruchtaufstrich bestreichen. Auf die noch feuchten Kekse jeweils ein Marzipangegenstück aufsetzen.

7   Die Kuvertüre in einem Topf im warmen Wasserbad schmelzen und mit einem kleinen Löffel jeweils einen Klecks in der Mitte der Kekse platzieren. Darauf eine Walnusshälfte mit der Rundung nach oben setzen.

Cookies mit gebrannten Mandeln

1   Für die gebrannten Mandeln eine gusseiserne Pfanne oder einen Kupfertopf ohne Fett erhitzen und die Mandelstifte darin leicht hellbraun anrösten. 1 bis 2 Esslöffel Zucker darüber streuen, schmelzen lassen und die Mandeln immer wieder wenden. Erneut 1 bis 2 Esslöffel Zucker dazugeben und karamellisieren lassen. Diesen Vorgang so lange wiederholen, bis der Zucker aufgebraucht ist und die Mandelstifte eine goldglänzende Zuckerhülle erhalten haben. Im letzten Schritt mit dem Zucker das Zimtpulver über die Mandeln streuen und verrühren. Ein Blatt Backpapier auslegen, die Splitter darauf verteilen und auskühlen lassen.

2   Für die Cookies den Backofen vorheizen auf 180 °C (Umluft 160 °C, Gas Stufe 2–3). Ein Backblech mit Backpapier auslegen. Die gebrannten Mandeln nicht zu fein hacken.

3   Butter, Zucker und Vanillezucker schaumig rühren. Nach und nach die Eier dazugeben und cremig aufschlagen.

4   Mehl, Natron und Backpulver mischen und fein sieben. Portionsweise unter die Buttermischung rühren. Die Masse auf eine Arbeitsfläche geben, die Mandelstücke zufügen und alles mit den Händen zu einem geschmeidigen Teig kneten.

5   Von dem Teig jeweils ca. 50 Gramm abwiegen und zu Cookies mit einem Durchmesser von ca. 6 Zentimetern formen. Die Kekse auf das Backblech legen und im Backofen 15 bis 20 Minuten backen, bis sie am Rand leicht gebräunt sind.

Mein Tipp *Die Cookies sind schön knusprig und halten sich in einer Dose sehr gut. Gebrannte Mandeln kann man in einem Einmachglas aufbewahren. Klein gehackt sind sie eine schöne Zierde für Kuchen. Sie schmecken auch gut im Müsli. Zur Weihnachtszeit können Sie auch fertig gebrannte Mandeln auf dem Weihnachtsmarkt kaufen und verwenden.*

Zutaten für ca. 20 Stück

Für die gebrannten Mandeln
150 g Mandelstifte
90 g Zucker
¼ TL Zimtpulver

Für die Cookies
150 g gebrannte Mandeln (siehe oben)
200 g weiche Butter
250 g brauner Zucker
1 Päckchen Bourbon-Vanillezucker
2 Eier
400 g Mehl
½ TL Natron
½ TL Backpulver

Außerdem
Backpapier

Zubereitungszeit Mandeln 10 Min.
Zubereitungszeit Cookies 40 Min.
Backzeit 15–20 Min.

Bananen-Spekulatius-Cookies

Zutaten für ca. 14 Stück

Für den Teig
150 g Mehl
½ TL Natron
¾ TL Backpulver
120 g reife Banane
(ohne Schale)
100 g Vollmilchkuvertüre
150 g weiche Butter
50 g feiner Backzucker
100 g Rohrzucker
2 Eier
3–4 TL Spekulatiusgewürz
2 EL Milch
70 g gehackte Walnüsse

Außerdem
Backpapier

Zubereitungszeit 30 Min.
Backzeit 15–17 Min.

1   Backofen vorheizen auf 180 °C (Umluft 160 °C, Gas Stufe 2-3). Ein Backblech mit Backpapier auslegen.

2   Das Mehl mit dem Natron und dem Backpulver mischen und in eine Schüssel sieben.

3   Die Banane schälen und mit einer Gabel zermusen. Die Kuvertüre in grobe Stücke hacken.

4   Die Butter mit beiden Zuckersorten schaumig schlagen. Nach und nach die Eier unterrühren. Das Bananenmus und das Spekulatiusgewürz zufügen und unterrühren.

5   Die Mehlmischung unter die Butter-Bananen-Masse mischen und die Milch unterrühren. Die Schokoladenstücke und die Walnüsse unter den Teig heben.

6   Von dem Teig mithilfe eines Esslöffels kleine Portionen von ca. 50 Gramm auf dem Backblech platzieren. Da der Teig auseinander läuft, ausreichend Platz zwischen den einzelnen Cookies lassen.

7   Das Backblech in den Backofen schieben und die Kekse 15 bis 17 Minuten backen, bis der Rand leicht braun wird. Aus dem Backofen holen, etwas auf dem Blech ruhen lassen und dann auf einem Kuchengitter abkühlen lassen.

Mein Tipp Die in ihrer Konsistenz eher weichen Kekse halten sich schön frisch, wenn man sie in einer Blechdose verwahrt.

Erdnuss-Cookies

1 Die Erdnüsse nicht zu fein hacken. Die Kuvertüre ebenso grob hacken. Beide Zutaten mischen und beiseite stellen.

2 Das Mehl sieben und mit dem Backpulver mischen. Die Butter und den Zucker in eine Schüssel geben und mit den Quirlen eines Handrührgeräts schaumig rühren. Die Mehlmischung dazugeben und kurz unterrühren.

3 Den Teig aus der Schüssel nehmen und auf einer Arbeitsfläche gut verkneten, dabei nach und nach die Erdnüsse mit der Kuvertüre untermischen. Den Teig zu einer Rolle mit ca. 7 Zentimeter Durchmesser formen. In Frischhaltefolie wickeln und 30 Minuten in den Kühlschrank stellen.

4 Backofen vorheizen auf 180 °C (Umluft 160 °C, Gas Stufe 2–3). Ein Backblech mit Backpapier auslegen.

5 Den Teig mit einem scharfen Sägemesser zügig in Scheiben (ca. ½ Zentimeter dick) von der Rolle schneiden und auf das Backblech legen. Das Backblech in den Backofen schieben und die Kekse 12 bis 15 Minuten backen. Sie sind fertig, wenn sie eine goldbraune Färbung haben.

6 Vorsichtig (denn sie sind noch weich!) mit einer Palette vom Backblech nehmen und zum Auskühlen auf ein Kuchengitter legen.

Mein Tipp *Achtung bei diesen Cookies – es besteht tatsächlich Suchtgefahr! Ich liebe sie nicht nur zur Weihnachtszeit. Durch die gesalzene Butter sind sie knusprig mürb. Das Aroma der Erdnüsse kommt noch intensiver zur Geltung, wenn sie vorab in einer Pfanne ohne Fett kurz geröstet werden. Für alle, die keine Erdnüsse vertragen, empfehle ich als Alternative Macadamianüsse.*

Zutaten für ca. 20 Stück

65 g Erdnüsse (geröstet, ohne Schale, ohne Salz)

70 g weiße Kuvertüre

200 g Mehl

1 TL Backpulver

200 g gesalzene weiche Butter

100 g Rohrzucker

Außerdem

Frischhaltefolie

Backpapier

Zubereitungszeit 20 Min.
Ruhezeit 30 Min.
Backzeit 12–15 Min.

Prinzenkekse

Zutaten für 40–45 Stück

Für die Füllung
60 g Vollmilchkuvertüre
150 g Nougat
120 g Sahne
60 g fester Berghonig

Für den Teig
500 g Mehl
150 g Zucker
250 g kalte Butter
2 Eier

Zum Dekorieren
150–200 g Mandelblättchen
dunkles Kakaopulver
zum Bestäuben

Außerdem
Frischhaltefolie
Backpapier
Ausstecher in Kronenform
oder Kreis mit Kranz

Zubereitungszeit 1 Std.
Ruhezeit über Nacht
plus 1 Std.
Backzeit 8–10 Min.

1   Für die Füllung Kuvertüre und Nougat klein hacken. In einem Topf die Sahne mit dem Honig erwärmen. Kuvertüre und Nougat zugeben und in der Sahne auflösen. Die Masse in eine Schüssel umfüllen und etwas abkühlen lassen. Abdecken und am besten über Nacht im Kühlschrank aufbewahren.

2   Am nächsten Tag das Mehl auf eine Arbeitsfläche sieben, mit dem Zucker mischen und in die Mitte eine Mulde drücken. Die Butter in Stücken ringsherum setzen und die Eier in die Mulde geben. Alle Zutaten rasch zu einem glatten Teig verkneten. In Frischhaltefolie wickeln und 1 Stunde in den Kühlschrank stellen.

3   Backofen vorheizen auf 180 °C (Umluft 160 °C, Gas Stufe 2-3). Ein Backblech mit Backpapier auslegen.

4   Den Teig halbieren. Eine Hälfte auf einer bemehlten Arbeitsfläche ca. 4 Millimeter dick ausrollen. Darauf Mandelblättchen verteilen und leicht mit einem Nudelholz darüber rollen, um sie einzudrücken. Den Teig ausstechen und auf das Backblech legen. Die Kekse 8 bis 10 Minuten backen und auf einem Kuchengitter auskühlen lassen. Mit der zweiten Teighälfte ebenso verfahren.

5   Die Schokoladenmasse hellcremig aufschlagen. Die Creme in einen Gefrierbeutel füllen, eine kleine Ecke abschneiden und auf die Hälfte der Kekse spritzen. Mit den restlichen Keksen abdecken und leicht andrücken. Die Creme fest werden lassen.

6   Die Seite des Prinzenkekses ohne Mandelblättchen dünn mit etwas Kakaopulver bestäuben.

Mein Tipp Für den Fall, dass etwas von der feinen Schokoladencreme übrig bleibt, halte ich ein Glas mit Schraubverschluss bereit. Im Kühlschrank aufbewahrt versüßt sie mir so manche Frühstückssemmel.

Walnusskipferl mit Schokospitzerl

Zutaten für ca. 40 Stück

Für den Teig
280 g Mehl
250 g kalte Butter
70 g Zucker
1 Päckchen Bourbon-
Vanillezucker
40 g gemahlene Walnüsse
35 g gemahlene Mandeln

Für die Glasur
80 g Zartbitterkuvertüre
(70 % Kakao)
40 g Vollmilchkuvertüre
½ TL Espressopulver
1 Prise Zimtpulver

Zum Dekorieren
gemahlene Walnüsse

Außerdem
Frischhaltefolie
Backpapier

Zubereitungszeit 1 Std.
Ruhezeit 40 Min.
Backzeit 10–12 Min.

1   Für den Teig das Mehl, die Butter in Stücken, den Zucker, den Vanillezucker, die Walnüsse und die Mandeln rasch verkneten. Zu einer Kugel formen, in Frischhaltefolie wickeln und gut 40 Minuten in den Kühlschrank legen.

2   Backofen vorheizen auf 160 °C (Umluft 140 °C, Gas Stufe 1–2). Ein Backblech mit Backpapier auslegen.

3   Den Teig halbieren und zwei Rollen formen. Jeweils ein Stück Teig abnehmen, auf 6 Zentimeter Länge ausrollen und zu einem Kipferl formen. Die Kipferl mit etwas Abstand zueinander auf das Backblech legen und auf der mittleren Schiene im Backofen 10 bis 12 Minuten goldgelb backen.

4   Mit einer Palette die Kipferl vorsichtig auf ein Kuchengitter legen und abkühlen lassen.

5   Für die Glasur beide Kuvertüresorten hacken und in einer Schüssel im warmen Wasserbad unter Rühren langsam schmelzen lassen. Sobald die Kuvertüre flüssig ist, mit Espressopulver und Zimtpulver würzen.

6   Die Kipferl an beiden Enden mit Kuvertüre bestreichen und auf das Kuchengitter legen. Die noch feuchten Enden mit etwas gemahlenen Walnüssen bestreuen und trocknen lassen. Nach dem Trocknen in einer Dose aufbewahren.

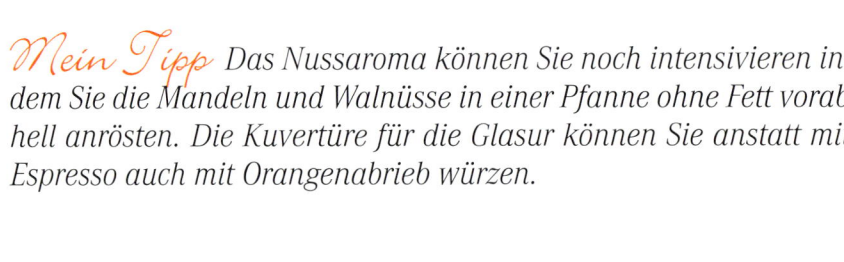

Mein Tipp Das Nussaroma können Sie noch intensivieren indem Sie die Mandeln und Walnüsse in einer Pfanne ohne Fett vorab hell anrösten. Die Kuvertüre für die Glasur können Sie anstatt mit Espresso auch mit Orangenabrieb würzen.

Kleine Schokowürfel

1   Die Orangenschale mit einem scharfen Messer abschneiden. Die Orangenfilets so herausschneiden, dass die Trennwände intakt bleiben. Für dieses Rezept benötigt man 50 Gramm reines Fruchtfleisch. Die Filets in kleine Würfel schneiden. Die Aprikosen ebenso klein würfeln. Aprikosen- und Orangenwürfel mit dem Orangenlikör marinieren und 1 Stunde ziehen lassen.

2   Die Pekannüsse grob hacken. Die Kuvertüre grob hacken und nur 50 Gramm Kuvertüre davon im Backofen bei 50 °C weich werden lassen. Die restlichen 30 Gramm Kuvertüre beiseite stellen.

3   Backofen vorheizen auf 180 °C (Umluft 160 °C, Gas Stufe 2–3).

4   Butter, Zucker und Vanillezucker in einer Schüssel gut schaumig aufschlagen. Nach und nach die Eier dazugeben und gut mit der Buttermasse verrühren. Zuletzt die weiche Kuvertüre unterrühren. Das Mehl mit dem Backpulver mischen, auf die Schokomasse sieben und mit einem Teigspatel unterheben. Nach und nach die Pekannüsse, die Mandeln und die Schokostückchen unterheben.

5   Die Backform mit Backpapier auslegen und die Masse mit einer Palette darauf verteilen. Die Backform auf die mittlere Schiene in den Backofen schieben und die Masse 35 bis 40 Minuten backen.

6   Das Gebäck kurz abkühlen lassen und auf eine Arbeitsplatte legen. Mit einem scharfen Messer in Würfel mit 3 Zentimeter Kantenlänge schneiden und diese in Papiermanschetten setzen.

Mein Tipp Puderzucker mit etwas Orangensaft verrühren und die Würfel an der Oberkante mit einem dünnen Rand versehen. Noch feucht in gemahlene Kuvertüre oder Mandeln tauchen.

Zutaten für 1 Backblech

Für den Teig
1 Bioorange
80 g Softaprikosen
2–3 EL Orangenlikör (Cointreau)
70 g Pekannüsse
80 g Bitterkuvertüre (70 % Kakao)
200 g weiche Butter
150 g brauner Zucker
1 Päckchen Bourbon-Vanillezucker
4 zimmerwarme Eier (Größe L)
80 g Mehl
1 TL Backpulver
60 g blanchierte gemahlene Mandeln

Außerdem
Backpapier
1 Form à 26 x 28 cm und 2 cm Höhe
eckige Papiermanschetten à 3 cm Breite

Zubereitungszeit 40 Min.
Ruhezeit 1 Std.
Backzeit 35–40 Min.

Hamburger Eisschollen

1 Für den Teig das Mehl auf eine Arbeitsfläche sieben, mit Zucker, Zitronenabrieb, Zimt- und Nelkenpulver vermischen und aufhäufen. Die Butter in Stücken rundum platzieren. In die Mitte eine Mulde drücken und das Eigelb hineingeben. Alles rasch vermischen und zu einem glatten Teig kneten. Den Teig zu einem flachen Rechteck formen, in Frischhaltefolie wickeln und 50 Minuten in den Kühlschrank stellen.

2 Den Backofen vorheizen auf 160 °C Unterhitze.

3 Den Teig auf einem Stück Backpapier auf die Größe von 40 x 26 Zentimeter, ca. 5 Millimeter dünn, ausrollen. Auf das Backblech legen. Mit Gelee bestreichen.

4 Für den Guss den Puderzucker sieben. Das Eiweiß zu Eischnee sehr steif schlagen, dabei nach und nach löffelweise den Puderzucker zugeben. Das Kaffeepulver und die Mandeln unterheben. Die Eischneecreme mit einer Palette auf der Teigplatte verstreichen.

5 Das Backblech in den Backofen schieben und das Gebäck bei Unterhitze 35 bis 40 Minuten backen. Danach auf Oberhitze umstellen und weitere 5 bis 10 Minuten backen, bis sich der Eischnee leicht beige färbt.

6 Aus dem Backofen holen und noch heiß vorsichtig in kleine Rauten schneiden; das geht am besten mit einem scharfen Messer oder einem Pizzaroller.

Mein Tipp *Wenn man diese brüchigen Baiserkekse in Rauten schneidet, erinnern sie vom Aussehen her an Eisschollen, die sich im Winter an der Küste brechen. Dieser Weihnachtskeks begleitet mich schon seit meiner Kindheit, das ursprüngliche Rezept habe ich aus dem gut gehüteten Rezeptbuch meiner Tante Steffi.*

Zutaten für 1 Backblech

Für den Teig
210 g Mehl
70 g Zucker
Abrieb von ½ Biozitrone
2 Messerspitzen Zimtpulver
2 Messerspitzen Nelkenpulver
140 g weiche Butter
3 Eigelb

Zum Bestreichen
320 g gewürztes Johannisbeergelee (siehe Seite 136)

Für den Guss
200 g Puderzucker
3 Eiweiß
½ TL löslicher Kaffee
70 g gemahlene Mandeln

Außerdem
Frischhaltefolie
Backpapier

Zubereitungszeit 45 Min.
Ruhezeit 50 Min.
Backzeit 40–50 Min.

Früchtebrot

Zutaten für 2 Früchtebrote

Für die Früchtemischung
60 g Rosinen
3 EL Marsala (Süßwein)
100 g Softaprikosen
110 g getrocknete Datteln
150 g Softfeigen
30 g Orangeat (Bioladen)
20 g Zitronat (Bioladen)
200 ml Orangensaft
1 kleiner Apfel
(Boskop)

Für den Teig
70 g ganze Mandeln
mit Haut
100 g Walnüsse
80 g gemahlene Mandeln
450 g Mehl
3 TL Backpulver
½ TL Zimtpulver
¼ TL Nelkenpulver
225 g weiche Butter
200 g Rohrzucker
150 g Puderzucker
6 Eier

Außerdem
2 Kastenformen
à 30 cm x 11 cm
Butter und Mehl für die
Formen

Zubereitungszeit
1 Std. 15 Min.
Marinierzeit 5 Std.
Backzeit 1 Std. 30 Min.

1   In einer Tasse die Rosinen in Marsala einlegen.

2   Die Aprikosen, die Datteln, die Feigen, das Orangeat und das Zitronat fein würfeln bzw. hacken und mit den eingelegten Rosinen in eine Schüssel geben. Den Orangensaft darübergießen. Das Trockenobst 5 Stunden marinieren.

3   Den Apfel schälen, vierteln, entkernen und das Fruchtfleisch auf einer Küchenreibe grob raspeln. Unter die marinierten Trockenfrüchte mischen.

4   Backofen vorheizen auf 135 °C (Umluft 115 °C, Gas Stufe 1). Die Kastenformen mit Butter einfetten und mit Mehl auskleiden.

5   Für den Teig die ganzen Mandeln mit heißem Wasser übergießen, häuten und hacken. Die Walnüsse ebenso hacken. Beides in einer Schüssel mit den gemahlenen Mandeln vermischen.

6   Das Mehl mit dem Backpulver sieben. Mit Zimt- und Nelkenpulver mischen.

7   In einer großen Schüssel die Butter mit beiden Zuckersorten und den Eiern cremig und hellschaumig aufschlagen. Mit einem Teigschaber abwechselnd das Mehl, die marinierten Früchte und die Nüsse unter die Eicreme heben.

8   Die Masse in die Formen füllen. Die Formen auf die Schiene unterhalb der Mitte in den Backofen stellen und die Früchtebrote langsam, ca. 1 Stunde und 30 Minuten, backen.

Mein Tipp Ein einfacher Trick, um vier kleine Früchtebrote zu backen, ist, jeweils in die Mitte der Kastenform Backpapier zur Trennung einzulegen. So entstehen vier kleine Brote, die sich gut verschenken lassen.

Lebkuchenhaus

1 Für das Lebkuchenhaus Schablonen aus dem Internet (siehe Seite 144) herunterladen und ausschneiden.

2 Für den Teig den Honig mit dem Zucker und der Butter in einem großen Topf langsam erwärmen. So lange rühren, bis der Zucker geschmolzen ist. Das Natron unterrühren. Die Masse abkühlen lassen.

3 Mehl, Backpulver, Lebkuchengewürz und Kakaopulver mischen, sieben und unter die Honigmasse rühren. Das Ei zugeben und alles zu einem glattem Teig verkneten. Den Teig in Frischhaltefolie einwickeln und eine Nacht im Kühlschrank ruhen lassen.

4 Am nächsten Tag den Backofen vorheizen auf 180 °C (Umluft 160 °C, Gas Stufe 2-3). Ein Backblech mit Backpapier auslegen.

5 Den Lebkuchenteig auf einer bemehlten Arbeitsfläche ca. 5 Millimeter dick ausrollen. Die Schablonen auflegen und mit einem spitzen Messer die Konturen im Lebkuchenteig nachfahren. Außerdem noch eine Lebkuchenplatte von 18 x 18 Zentimeter herstellen.

6 Die ausgeschnittenen Lebkuchenhausteile auf das Backblech legen und mit Milch bepinseln, dabei auch um die Ecken herum fahren, denn dadurch bekommen sie eine schöne glatte Oberfläche. Im Backofen 15 bis 18 Minuten backen.

7 Die Lebkuchenreste neu verkneten und abermals ausrollen. Daraus ein Reh, einen Tannenbaum sowie Ministerne und Miniherzen ausstechen. Im Backofen ca. 15 Minuten backen.

8 Alle Teile auf einem Kuchengitter auskühlen lassen. Nach Bedarf die Hauselemente in ihren Konturen korrigieren. Dafür auf jedes Einzelteil seine Schablone legen und die Teigstücke nachschneiden. ▶▶▶

Zutaten für 1 Haus mit Dekoration

Schablonen für das Haus
2 Giebelseiten
2 Seitenwände
2 Dachflächen
1 Bodenplatte 18 x 18 cm

Für den Teig
190 g flüssiger Honig
120 g Zucker
120 g weiche Butter
½ TL Natron
460 g Mehl
3 TL Backpulver
5 EL Lebkuchengewürz
2 TL Kakaopulver
(z. B. Valrhona Poudre de Cacao)
1 Ei

Ausstecher für die Dekoration
Reh, Tannenbaum, Sterne, Herzen

Für die Glasur
500 g Puderzucker
2 Eiweiß
1–2 Tropfen Zitronensaft

Zum Verzieren
bunter Zucker (grün)
ganze Mandeln
gebrannte Mandelstifte
(siehe Seite 117)
Lebensmittelfarben
(rot, grün)
kleine Silberperlen
Puderzucker

Außerdem
Backpapier
Backpinsel
Milch zum Bestreichen
Mehl für die Arbeitsfläche

Zubereitungszeit
1 Std. 30 Min.
Ruhezeit über Nacht
plus 1 Std. 30 Min.
Backzeit 15–18 Min.

9 Für die Glasur den Puderzucker sieben. Das Eiweiß mit einem Schneebesen kurz aufschlagen und dann löffelweise den Puderzucker und den Zitronensaft unterrühren. Die Glasur soll eine dicke, zähflüssige Konsistenz haben, damit sie beim Verzieren nicht wegläuft. Etwas Guss beiseite stellen und nach Bedarf rot färben.

10 So lange die beiden Giebelseiten für die Hausfront und die Hausrückseite auf dem Kuchengitter zum Auskühlen liegen, mit dem Guss darauf Tür und Fensterrahmen verzieren. Dafür etwas Glasur in einen Gefrierbeutel füllen und eine Ecke in der gewünschten Stärke des Glasurfadens abschneiden.

11 Mit einem Backpinsel die Seiten- und Vorderteile von unten mit der Glasur gut einstreichen und in ihrer richtigen Position auf die Lebkuchenplatte setzen. Die Teile ca. 1 Stunde 30 Minuten gut antrocknen lassen. Danach die oberen Leisten anstreichen, darauf die Dachplatten setzen und ebenfalls trocknen lassen.

12 Während das Haus trocknet, das Reh, den Tannenbaum, die Sterne und Herzen verzieren. Wenn das Haus gut getrocknet ist, die Dachplatten und den Boden verzieren. Falls der Zuckerguss antrocknet, mit einem Tropfen Zitronensaft verrühren.

Variante Für Schaukelpferde kann man sich ebenfalls eine Schablone aus dem Internet herunterladen und ausschneiden. Den Teig herstellen und backen wie beim Lebkuchenhaus, allerdings vor dem Backen kleine Löcher in den Lebkuchen stechen, damit man nachher die Bänder zur Befestigung durchziehen kann. Zur Verzierung dünneren Zuckerguss herstellen und damit die untere Leiste des Pferdes bestreichen. Pistaziengrieß daraufdrücken.

Mein Tipp Eventuell eine Schüssel als Anlehnhilfe zwischen die Wände stellen bzw. eine Tasse als Stütze für das Dach verwenden, bis alles fest verbunden ist.

Marmoriertes Buttergebäck

1 Jeweils getrennt voneinander Puderzucker, Mehl und Kakaopulver sieben. Die Butter und den Puderzucker 8 bis 10 Minuten lang cremig aufschlagen. Nach und nach das Eigelb einrühren. Löffelweise das Mehl dazugeben und alles glatt verrühren.

2 Die Teigmenge halbieren. Das erste Teigstück zu einer ca. 5 Zentimeter dicken und 18 bis 20 Zentimeter langen Rolle formen. Das Kakaopulver unter das zweite Teigstück kneten und ebenso zu einer Rolle formen. Beide Rollen in Frischhaltefolie wickeln und 4 Stunden 30 Minuten in den Kühlschrank legen.

3 Nach der Ruhezeit die beiden Teigrollen jeweils der Länge nach halbieren, so dass zwei dunkle und zwei helle Stücke entstehen. Je ein dunkles und ein helles Teigstück aufeinander legen, grob in sich zusammendrücken und wieder zu einer Rolle rollen. So hat man wieder zwei Rollen, aber farblich gemustert. Die Rollen nochmals in Frischhaltefolie wickeln und 30 Minuten kühl stellen.

4 Backofen vorheizen auf 160 °C (Umluft 140 °C, Gas Stufe 1–2). Ein Backblech mit Backpapier auslegen.

5 Das Orangeat fein hacken und auf einen länglichen Teller legen. Die Rollen nacheinander darin wälzen, um sie zu ummanteln.

6 Von den Teigrollen ca. 4 Millimeter dicke Scheiben abschneiden, dabei zügig arbeiten, da die Butter bzw. der Teig schnell weich wird. Die Taler mit Abstand zueinander auf Backblech legen und 12 bis 15 Minuten backen, bis ihr Rand gebräunt ist. Die Kekse mit einer Palette vom Backblech nehmen und auf einem Kuchengitter abkühlen lassen. Das Backblech abkühlen lassen, bevor die nächsten Kekse daraufgelegt werden.

Mein Tipp Das Gebäck in einer Mischung aus braunem Zucker, Zimt, Muskatnuss, Vanillezucker und Kardamom wälzen.

Zutaten für ca. 60 Stück
250 g Puderzucker
300 g Mehl
30 g Kakaopulver
(z. B. Valrohna Poudre de Cacao)
300 g weiche Butter
4 Eigelb (L)
200 g Orangeat (Bioladen)

Außerdem
Frischhaltefolie
Backpapier

Zubereitungszeit
1 Std. 30 Min.
Ruhezeit 5 Std.
Backzeit 10 bis 15 Min.

Geschenke aus der Küche

Abseits vom Backofen hergestellt verführen Brotaufstriche, Liköre, Eiskonfekt und zarte Knabbereien die Gaumen der Genießer. Hübsch verpackt sind sie ideale Mitbringsel zu jeder Jahreszeit.

Macadamianüsse in zweierlei Schokomantel

Dieses Rezept finden Sie auf Seite 132/133 abgebildet.

Zutaten für je 100 g

Für die Bananennüsse
100 g Zartbitterkuvertüre (50 % Kakao)
100 g ungesalzene Macadamianüsse
120 g ungesüßte getrocknete Bananenchips

Für die Apfelnüsse
100 g weiße Kuvertüre
100 g ungesalzene Macadamianüsse
30 g ungesüßte getrocknete Apfelchips
Abrieb von 1 Biolimette

Außerdem
Pralinengitter
Gläser, Klarsichtbeutel oder Kästchen
Schleifen, Spitze

Zubereitungszeit 30 Min.

1   Für die Bananennüsse die dunkle Kuvertüre grob hacken und entweder auf einem Teller bei 50 °C im Backofen oder in einer Schüssel im warmen Wasserbad schmelzen.

2   Eine beschichtete Pfanne ohne Fett erhitzen und die Nüsse darin unter mehrmaligem Wenden rundum hell anrösten. Kurz abkühlen lassen.

3   Die Bananenchips in ein hohes Gefäß geben, mit einem Pürierstab fein hacken und in eine Schale füllen.

4   Die Nüsse zunächst in der geschmolzenen Kuvertüre und dann in den Bananenchipsbröseln wälzen. Die fertig gerollten Nüsse auf einem Pralinengitter trocknen lassen.

5   Die Apfelnüsse analog zubereiten. Dafür die weiße Kuvertüre grob hacken und schmelzen. Die Nüsse ohne Fett hell anrösten und kurz abkühlen lassen. Die Apfelchips grob hacken und in eine Schale füllen. Die geschmolzene Kuvertüre mit Limettenabrieb würzen. Die Nüsse erst in der Kuvertüre, dann in den Apfelchipsbröseln wälzen und auf einem Pralinengitter trocknen lassen.

6   Zum Verschenken die Nüsse in Gläser, Klarsichtbeutel oder in ein kleines Kästchen geben, mit Schleife und Spitze garnieren.

Mein Tipp Sie können die Fruchtchips auch in einem elektrischen Zerkleinerer hacken. Geben Sie mit etwas Vanillemark, Orangenabrieb oder kandierten Rosenblättern der Kuvertüre eine jeweils andere Geschmacksnote. Einen pikanten Akzent bekommen die Nüsse, wenn Sie die Kuvertüre mit Chilipulver würzen.

Birnen-Feigen-Aufstrich

1 Die Feigen in kleine Würfel schneiden und in einen Topf geben.

2 Die Birnen waschen, schälen, Kerngehäuse entfernen und das Fruchtfleisch ebenfalls klein würfeln. Davon 750 Gramm abwiegen und in den Topf zu den Feigenstücken geben.

3 Den Gelierzucker über das Obst geben. Den Birnen- oder Orangensaft zugießen und alles gut vermischen.

4 Die Zimtstange und die Pimentkörner in einen Einwegteebeutel geben, diesen mit Küchengarn zubinden und in den Topf legen. Den Topf zudecken und das Obst 1 Stunde marinieren lassen.

5 Inzwischen die Gläser vorbereiten. Dazu ein Geschirrtuch auf ein Backblech legen und die gespülten Gläser und Deckel daraufstellen. Das Backblech in den Backofen schieben und die Temperatur auf 100 °C (Umluft 80 °C, Gas Stufe 1) stellen. Sobald die Temperatur erreicht ist, die Gläser und Deckel noch ca. 10 Minuten zum Sterilisieren im Backofen belassen. Kurz vor dem Kochen des Fruchtaufstrichs das Backblech aus dem Backofen holen.

6 Das Marzipan mit einer Gabel zerdrücken und mit dem Mandellikör verkneten. Den Topf auf die Kochstelle geben und das Obst langsam zum Kochen bringen. Unter Rühren 5 bis 6 Minuten sprudelnd kochen lassen. Kurz vor dem Ende der Kochzeit die Marzipanmasse einrühren und auflösen.

7 Die Masse kochend heiß in die vorbereiteten Gläser abfüllen, eventuelle Fruchtspritzer sorgfältig abwischen und mit den Schraubdeckeln die Gläser verschließen. Die Gläser zum Abkühlen auf den Kopf stellen, damit ein Vakuum entstehen kann.

Mein Tipp Ich esse diesen Fruchtaufstrich gern zum Frühstück auf Hefezopf oder als Füllung in Buchteln mit Vanillesauce.

Zutaten für 4–5 Gläser
200 g Softfeigen

1 kg weiche aromatische Birnen (Williams oder Butterbirne)

390 g Gelierzucker 3:1

220 g Birnensaft oder Orangensaft

1 Zimtstange

4 Pimentkörner

30 g Marzipanrohmasse

2–3 EL Mandellikör (z. B. Amaretto)

Außerdem
1 Einwegteebeutel

Küchengarn

4–5 Schraubgläser à 200 ml Inhalt

1 Geschirrtuch

Zubereitungszeit 40 Min.
Marinierzeit 1 Std.

Gewürztes Johannisbeergelee

Zutaten für 4–5 Gläser
1,4 kg Johannisbeeren
4 EL Zucker
fingerdicke Zestenstreifen
von 1 Bioorange
(6 cm lang, 1 cm breit)
1 Zimtstange
3 Nelken
2 Pimentkörner
2 TL rosa Pfefferbeeren
300 g Gelierzucker 3:1
240 ml frischer Orangensaft
100 ml Crème de Cassis
(Johannisbeerlikör)

Außerdem
1 Geschirrtuch
1 Einwegteebeutel
Küchengarn
4–5 Gläser à 200 ml Inhalt

Zubereitungszeit 45 Min.
Ruhezeit 1 Std.

1 Die Johannisbeeren in ein Sieb geben, kurz abbrausen und abtropfen lassen. Die Beeren mit einer Gabel von den Rispen trennen und in einen Topf geben. Mit einem Kartoffelstampfer zerdrücken. Den Zucker über die Beeren streuen. Den Topf abdecken und die Johannisbeeren 1 Stunde ziehen lassen.

2 In der Zwischenzeit die Gläser vorbereiten. Dazu ein Geschirrtuch auf ein Backblech legen und die gespülten Gläser und Deckel daraufstellen. Das Backblech in den Backofen schieben und die Temperatur auf 100 °C (Umluft 80 °C, Gas Stufe 1) stellen. Sobald die Temperatur erreicht ist, die Gläser und Deckel noch ca. 10 Minuten zum Sterilisieren im Backofen belassen. Kurz vor dem Kochen des Gelees das Backblech aus dem Backofen holen.

3 Den Topf auf die Kochstelle stellen, die Beeren langsam aufkochen und dann unter Rühren ca. 4 Minuten sprudelnd kochen lassen. Die Beeren in ein feines Sieb gießen, passieren und den Saft auffangen. Von dem Saft 650 Milliliter abmessen.

4 Die Zimtstange, die Nelken, die Pimentkörner und die Pfefferbeeren in einen Einwegteebeutel geben und diesen mit Küchengarn zubinden.

5 Den Johannisbeersaft mit dem Gelierzucker, dem Orangensaft und der Crème de Cassis mischen. Das Gewürzsäckchen einlegen. Aufkochen und für 4 bis 5 Minuten sprudelnd kochen lassen.

6 Die Masse kochend heiß in die vorbereiteten Gläser abfüllen, eventuelle Fruchtspritzer sorgfältig abwischen und mit den Schraubdeckeln die Gläser verschließen. Die Gläser zum Abkühlen auf den Kopf stellen, damit ein Vakuum entstehen kann.

Mein Tipp *Ich verwende dieses Gelee für die Zubereitung von den Hamburger Eisschollen.*

Walnuss-Mokka-Likör

1   Die Walnüsse grob hacken. Den Rohrzucker in einem Topf unter Rühren bei mittlerer Hitze zerlassen, dabei auf heiße Spritzer achten! Die Walnüsse zugeben und unter Rühren in dem flüssigen Zucker karamellisieren. Den Topf von der Kochstelle nehmen.

2   Die Sahne, das Espressopulver und das Vanillemark unter die Walnüsse rühren. Den Topf abdecken, in den Kühlschrank stellen und die Zubereitung über Nacht ziehen lassen.

3   Am nächsten Tag die Gläser bzw. Flaschen vorbereiten. Dazu ein Geschirrtuch auf ein Backblech legen und die gespülten Gefäße mit Deckeln daraufstellen. Das Backblech in den Backofen schieben und die Temperatur auf 100 °C (Umluft 80 °C, Gas Stufe 1) stellen. Sobald die Temperatur erreicht ist, die Gläser und Deckel noch ca. 10 Minuten zum Sterilisieren im Backofen belassen. Kurz vor Fertigstellung des Likörs aus dem Backofen holen.

4   Die über Nacht gereifte Walnusssahne durch ein Sieb filtern und in einem Topf auffangen. Aufkochen und beiseite stellen.

5   Eigelb im warmen Wasserbad schaumig aufschlagen. Die heiße Walnusssahne zugießen und gut unterschlagen.

6   Die Sahnecreme mit einem Handrührgerät rühren und dabei den Alkohol einfließen lassen. Mit Muskatnuss würzen. Die Sahne für weitere 2 Minuten cremig aufschlagen.

7   Den Likör in die Gläser bzw. Flaschen abfüllen. Kühl stellen und möglichst schnell genießen.

Zutaten für ca. 700 ml
150 g Walnüsse
80 g Rohrzucker
500 g Sahne
1 TL Espressopulver
ausgekratztes Mark
von ½ Vanilleschote
5 Eigelb
80 ml Korn
1 Prise frisch geriebene
Muskatnuss

Außerdem
Gläser bzw. Flaschen,
am besten mit Schraubverschluss für insgesamt
700 ml Inhalt

Zubereitungszeit 20 Min.
Ruhezeit über Nacht

Eiskonfektkugeln mit Rosenwasser

Zutaten für 25–30 Stück
2 Eigelb
40 g Zucker
80 ml Milch
120 g Sahne
ausgekratztes Mark von ¼ Vanilleschote
1–2 TL Rosenwasser (Apotheke)
20 g kandierte Rosenblätter
250 g Bitterkuvertüre (55 % Kakao)
1 EL neutrales Öl

Außerdem
1 Pralinengitter
1 Melonenkugel-Ausstecher
Zahnstocher oder Pralinengabel

Zubereitungszeit 50 Min.
Ruhezeit 4 Std.

1 Eigelb mit dem Zucker cremig schlagen, die Masse bekommt eine hellgelbe Farbe und eine dickliche Konsistenz. In einem Topf die Milch mit der Sahne und dem Vanillemark erhitzen. Von der Kochstelle nehmen und die Eigelbcreme einrühren. Die Mischung wieder auf die Kochstelle geben und bei schwacher Hitze unter ständigem Rühren dicklich einkochen, das dauert ca. 4 Minuten. Wichtig ist dabei, die Masse immer wieder umzurühren.

2 Den Topf von der Kochstelle nehmen und die Zubereitung nach Belieben mit dem Rosenwasser würzen. Die Creme in eine tiefkühlgeeignete Box füllen und ins Gefrierfach stellen. Nach ca. 1 Stunde 30 Minuten die Masse mit einer Gabel durchrühren und in weiteren 2 Stunden 30 Minuten fest werden lassen.

3 Ein Pralinengitter in den Tiefkühler stellen. Die kandierten Rosenblätter ganz fein hacken.

4 Mit einem Melonenkugelausstecher Kugeln aus der festen Eiskonfektmasse abstechen. Die Kugeln auf das Pralinengitter setzen und wieder in den Tiefkühler stellen.

5 Die Kuvertüre in einem kleinen Topf im warmen Wasserbad schmelzen. Das Öl unterrühren. Lauwarm abkühlen lassen. Die Eiskugeln mithilfe eines Zahnstochers oder einer Pralinengabel kurz durch die Kuvertüre ziehen und auf das Pralinengitter setzen. Zur Verzierung eine Messerspitze von den kandierten Rosenblättern auf den noch feuchten Kugeln verteilen. Schnellstmöglich wieder in den Tiefkühler geben, bis die Kuvertüre fest ist.

Mein Tipp Wenn Sie das Rezept als Eis zubereiten möchten, dann verdoppeln Sie die Menge der Zutaten, um genügend Eis für 4 bis 6 Personen zu erhalten. Das Eis vor dem Servieren etwas antauen, so lässt es sich besser portionieren und schmeckt noch aromatischer.

Kalter Hund mal anders

Für 2 Kuchen

140 g Lebkuchen
(ohne Glasur und Boden)
80 g getrocknete Pflaumen
60 g Walnüsse
100 g Zartbitterkuvertüre
(70 % Kakao)
100 g Bitterkuvertüre
(55 % Kakao)
200 g Butter
2 EL brauner Zucker
1 TL Rum

Außerdem

2 kleine Kastenformen
à ca. 15 x 8 cm
Frischhaltefolie

Zubereitungszeit 20 Min.
Ruhezeit 2 Std. zum
Schluss

1   Die Kastenformen mit Frischhaltefolie auslegen.

2   Die Lebkuchen und die Pflaumen in kleine Würfel schneiden. Die Walnüsse grob hacken.

3   Beide Schokoladesorten in Stücke brechen. Zusammen mit der Butter in eine kleine Schüssel geben und im warmen Wasserbad bei schwacher Hitze schmelzen lassen. Den Zucker unterrühren und in der warmen Masse auflösen.

4   Den Rum in die Schokoladenmischung unterrühren. Walnüsse, Pflaumen und Lebkuchen unterheben.

5   Die Masse in die Formen füllen und für 2 Stunden in den Kühlschrank stellen.

6   Zum Servieren aus den Formen lösen und dekorativ anrichten.

Mein Tipp *Der kalte Hund kann als Blitzkuchen in der Form eingepackt und verschenkt werden. Als Variation schmecken auch Cranberrys statt Pflaumen sehr gut. Anstelle von Lebkuchen verwende ich auch gern die klassischen Butterkekse.*